Uma SILBEY

CRISTAUX ET DÉVELOPPEMENT PERSONNEL

*Guide pratique
de développement personnel
de confiance et de guérison*

Le Souffle d'Or
B.P. 3
BARRET-LE-BAS

Titre original : The complete crystal guidebook
© 1986 Uma Silbey
Edition originale 1986 par U-READ PUBLICATIONS
P.O.BOX 31131 San Francisco, CA 94131
ISBN 0 938925 00 8
Illustrations © Uma Silbey

© 1987 LE SOUFFLE D'OR pour tous pays francophones;
tous droits de reproduction réservés.
Traduction de l'américain : Claire LEVI
Illustration et maquette de couverture : Luc SERRANO
Photocomposition : Le Souffle d'Or/ Louis-Jean
Mise en page : Giambiasi/Gap
Impression et Brochage : Louis-Jean/Gap
Dépôt légal 4ième trimestre 1987

LE SOUFFLE D'OR
BP 3
BARRET LE BAS
FRANCE

TABLE DES MATIERES

PARTIE I - INFORMATIONS DE BASE

PARTIE II - LE CORPS DEVELOPPE

PARTIE III - LES INSTRUMENTS SUR LE SENTIER DU CRISTAL

PARTIE IV - SOIGNER AVEC LES CRISTAUX

PARTIE V - NOTES SUPPLEMENTAIRES

Ce livre est dédié à mon mari, Ramana Das, et à mon amie, Eileen Kaufman, dont l'aide et l'encouragement ont été précieux. Je veux aussi remercier tous les maîtres qui m'ont guidée sur mon chemin, et qui ont ainsi indirectement contribué à l'élaboration de ce travail.

Etre (cristal)conscient :
être attentif
et totalement honnête avec soi-même

PARTIE I

INFORMATIONS DE BASE

1. INTRODUCTION

Beaucoup de raisons nous poussent à vouloir travailler avec des cristaux de quartz. Voulez-vous soigner, rendre plus puissantes vos méditations, vos affirmations et/ou vos pensées ? Vous pouvez énergétiser votre corps et équilibrer ses énergies, vous pouvez développer nombre de vos dons psychiques — dont la clairvoyance, la clairaudience et le voyage sur les plans astral et mental.

Les cristaux peuvent être utilisés pour transformer des événements que nous ne souhaitons pas vivre, et pour en créer de nouveaux. Tout ceci présente un intérêt certain. Vous pouvez rencontrer les guides et les êtres d'autres dimensions, et vous découvrir des aptitudes extra-sensorielles. Peut-être est-ce votre but ?

La plupart de ceux qui se mettent à travailler avec des cristaux ont en tête l'un ou plusieurs de ces desseins, et tous seront pris en considération dans ce manuel. Il se passe néanmoins une chose curieuse à partir du moment où l'on entreprend un travail avec les cristaux : nous devenons peu à peu conscients d'une énergie, d'une force, d'une puissance supérieures à la nôtre. Avec cette conscience nouvelle, nous abordons l'interaction avec quelque chose de très puissant, de très beau que d'aucuns nomment « Esprit » ou « Ordre supérieur » ou encore « Dieu ». Quel que soit le nom dont on l'honore, ce principe est universel et transcende les limites de notre moi. Nous faisons alors l'expérience d'un potentiel illimité qui afflue en nous au fur et à mesure que les limites que nous nous sommes imposées, les restrictions et les idées sur nous-même et sur ce que nous sommes se dissolvent. Energie infinie, amour, vision, créativité, plénitude et sagesse déferlent en nous quand nous nous ouvrons à cette puissance. Nous pouvons alors nous recueillir en cette plénitude que certains appellent « Le vrai Soi », sentiment de ce que nous formons avec l'univers, qui défie toute classification et toute définition. En fait, plus nous tentons de décrire ce que nous pouvons ressentir et ce avec quoi nous sommes alors mis en contact, plus nous nous en éloignons.

Cette idée d'une imagination surmultipliée paraît fantastique si vous ne l'avez jamais encore expérimentée.

Ce manuel est comme un sentier sur lequel vous allez rencontrer des exercices détaillés et des applications qui pourront vous ouvrir à cette expérience et vous permettront d'aborder les travaux les plus courants avec vos cristaux. Vous aurez la possibilité de puiser dans la sagesse, le savoir sans fin et la paix qui reposent en vous et attendent d'être découverts, puis employés. Au fil des expériences décrites en ces pages, vous allez réaliser que ce n'est pas seulement cette forme d'évolution qui prendra place en vous, mais qu'également se développeront vos aptitudes à utiliser des cristaux pour tous les buts que vous vous serez fixés.

La plus grande partie de ce que l'on enseigne actuellement sur les cristaux tient davantage des « tours » que l'on peut faire avec, sans que soit prise en compte une information de nature plus globale dont vous avez nécessairement besoin pour pouvoir travailler. Cette approche superficielle est extrêmement limitée. Vous seriez vous-même très limité en procédant de la sorte avec eux, et seriez vite déçus.

Que devez-vous donc savoir ? Etant donné que vous travaillez avec des énergies ou des vibrations subtiles lorsque vous utilisez un cristal de quartz, vous devez appréhender les systèmes d'énergie comme une totalité — tant à l'intérieur du corps que dans tout son environnement. L'énergie kundalini, par exemple, s'éveille souvent lorsque l'on commence à travailler avec les cristaux. Vous devez savoir comment la canaliser en vous-même, comment diriger les énergies et les pouvoirs ainsi libérés et apprendre à les éveiller en autrui. Il y a dans le corps des systèmes de chakras, ou matrices d'énergies, qui deviennent actifs au cours d'un tel travail, et qui peuvent être activés chez les personnes avec qui vous opèrerez. Comme ce que vous allez entreprendre touche des niveaux subtils, vous devez avoir quelque connaissance des plans astral et mental, notamment quant à la façon de les aborder. Que vous en soyez conscient ou pas, ces plans sont concernés. Plus vous en êtes conscient, plus vous êtes efficace. Parce que vous attirez en vous d'immenses forces énergétiques lors de tels processus, il vous faut apprendre à structurer et à maintenir la force de votre système nerveux, et à assurer la vigueur et la santé de votre corps physique. En bref, vous aurez besoin d'étendre votre conscience au-delà des limites de votre corps physique, au-delà de son environnement et à d'autres domaines.

Ce livre n'apporte pas seulement une information intellectuelle : il offre aussi des méthodes concrètes pour expérimenter ce dont nous venons de parler et y devenir plus sensible. C'est de votre propre expérience que viendra votre connaissance car, en vérité, on ne sait rien qui n'ait été d'abord expérimenté.

Oeuvrer avec les cristaux implique une transcendance de notre moi et de notre ego limités. Alors, nous devenons maître en la matière, et non simplement de beaux parleurs. Ce travail avec un cristal de quartz associe la pensée, la volonté, le cristal lui-même et l'esprit qui guide et donne de la puissance. Pour obtenir de réels résultats, vous devez être en état d'abandon, de manière à devenir un canal par lequel la force créatrice ou l'esprit peuvent opérer. Vous n'en êtes simplement que le véhicule. Vous devenez comme un tube creux, par lequel l'esprit peut s'écouler sans l'entrave que créent le doute, l'ego, une intellectualité excessive, la peur, la faiblesse physique, l'orgueil ou l'étroitesse d'esprit. Pour devenir ce canal, il vous faut apprendre à être centré, apprendre à savoir ce que « centré » veut dire; il vous faut développer une pensée calme et centrée. Des exercices vont vous apprendre à développer en vous ces qualités. D'autres vous aideront à rendre votre sensibilité plus réceptive aux énergies subtiles et aux vibrations du cristal, du corps, de l'environnement.

Nous vous signalerons les obstacles que l'on rencontre communément et la façon d'en venir à bout. Ce travail demande des efforts de votre part — et la foi en une amélioration possible. L'honnêteté est primordiale. Nombre de personnes préfèrent l'extériorisation à l'intériorisation. La raison la plus courante de l'échec est que l'on omet d'établir initialement un contact avec une force plus grande que soi; l'aspiration à se connecter à son intérieur profond est délaissée. Beaucoup veulent aller vite et obtenir des panacées faciles ou des résultats spectaculaires. Même lorsque vous serez parvenu à des résultats, il est important de poursuivre la recherche : il y a encore beaucoup à venir. Vous pouvez en attendre des changements profonds, durables et permanents, en vous-même et aussi dans vos aptitudes avec les cristaux. Il est nécessaire que vous acceptiez une certaine discipline et responsabilité.

Ce sont des transformations subtiles et pourtant évidentes qui vont se produire lorsque vous poursuivrez vos exercices avec les cristaux. Votre corps peut connaître certains changements, vous octroyant une plus grande sensibilité dans certains domaines; vous expérimenterez la différence entre les niveaux physique et psychique, et aurez le choix d'utiliser l'un ou l'autre. Vous développerez la capacité de séparer vos émotions de votre pensée, de façon à ce qu'elles vous servent, et ne vous contrôlent pas. L'énergie psychique va être profondément intégrée, et vous pourrez y recourir dans votre vie quotidienne. Ce qui auparavant semblait « miraculeux » va devenir « normal ». Vous allez apprendre que tous les miracles agissent en accord avec des lois communes, dont vous allez comprendre les mécanismes. Vous allez disposer d'un flot illimité d'énergie créatrice, et vous pourrez le diriger comme vous le désirerez. Vous trouverez en vous un amour profond, qui n'est pas émotivité mais compassion et compréhension profondes pour autrui. Vous allez vous ouvrir à un désir puissant de servir et saurez comment le mener à terme. Petit à petit, abandonnant toute peur, vous deviendrez satisfait. Vous pourrez partager votre bonheur avec autrui.

Il vous faut dépasser les barrières qui pourraient vous empêcher de progresser. Quelles sont elles ? Le doute, l'impatience, un excès d'imagination ou la vélléité, l'émotivité que l'on confond avec une expérience mystique; une pensée, des concepts, un intellect rigides, le manque de suivi dans vos exercices, le besoin d'avoir raison, la négativité, la dépression, le découragement, le besoin d'être reconnu et la fuite. Même si vous pouvez faire face à ces expériences, sachez une chose : jamais il ne vous sera demandé plus que vous ne pouvez, bien qu'il puisse vous paraître le contraire sur le moment. Continuez, pas à pas. Tout, dans votre style de vie, peut se transformer. Vos amis peuvent changer, votre travail peut changer. Lâchez prise. Des choses meilleures vous attendent. N'abandonnez pas, vous êtes guidés. Soyez courageux et ayez foi en la Vérité.

Il existe de nombreux systèmes pour travailler avec les cristaux : probablement autant qu'il y a d'utilisateurs. Tous sont, sans doute, valables. Il faut les essayer et vérifier vos résultats dans l'univers physique; soyez honnêtes et voyez ce qui *vraiment vous convient*. Il n'y a pas de méthode bonne ou mauvaise, seulement ce qui est efficace. C'est la raison pour laquelle nous vous proposons dans ce livre plusieurs systèmes — et non pas un seul —, et des méthodes qui vous apprendront à développer votre confiance en votre voix intérieure, de façon à ce que vous ne soyez pas limité à n'utiliser qu'une seule approche. Vous pouvez agir spontanément et faire ce que vous demande chaque situation, chaque instant.

Donnez aux techniques que vous voulez essayer la durée nécessaire pour qu'elles puissent être vraiment testées. Pour quelques-uns, certaines vont marcher tout de suite, alors que pour d'autres il faudra deux semaines, un mois, voire six mois ou plus. Laissez-leur le temps de produire leur effet. Dans ce livre, nous vous donnons le temps d'essai optimal. Utilisez votre intuition ou votre voix intérieure pour savoir ce qui vous convient et quelle est la méthode à utiliser dans n'importe quelle situation donnée. Si vous n'entendez pas tout de suite cette voix intérieure, des exercices vous seront proposés pour développer votre écoute, vous indiqueront ce qu'il faut écouter et comment être assez calme pour entendre. *Ayez confiance en vous.*

> *Suivez votre propre chemin,*
> *ce qui ne veut pas dire que vous n'ayez à écouter*
> *ni à apprendre de l'expérience d'autrui...*

Souvenez-vous enfin que le cristal n'est qu'un instrument, un outil puissant mais outil cependant. Comme pour n'importe quel outil, vous pouvez vous en passer mais il rend les choses plus faciles. Les cristaux ne sont pas des dieux; ils vous aident à faire un certain travail. Après quelque temps d'utilisation, vous vous rendrez compte que vous pouvez opérer sans eux tout aussi efficacement. Ne craignez pas de vous en séparer. Mettez-les de côté. Admirez-les pour leur beauté et honorez les services qu'ils vous ont rendus, continuez sans eux. Si eux ne sont pas des dieux, vous l'êtes. Vous êtes le créateur de votre propre univers.

A. TERMINOLOGIE ET EXERCICES

Des termes tels qu'« énergie », « vibration », utilisés dans ce livre servent à décrire une expérience particulière. Ils ne sont pas nécessairement employés au sens classique et scientifique du terme; les scientifiques et les métaphysiciens (y compris ceux qui travaillent avec les cristaux) recourent néanmoins à des mots différents pour expliquer un phénomène identique.

Si vous êtes troublé par le nombre d'exercices différents décrits dans ce livre, si vous vous demandez combien de jours vous devez les faire, ou dans quel ordre, dites-vous qu'en règle générale, l'ordre d'apparition dans le livre est celui dans lequel les exercices doivent être pratiqués. N'en faites qu'un seul à la fois jusqu'à ce que l'expérience porte tous ses fruits. Cela vous aidera à développer votre aptitude à distinguer les différents canaux d'énergie qui parcourent votre corps. Les exercices visant à développer les chakras doivent être faits dans l'ordre où ils sont présentés. Vous pouvez faire en même temps le travail sur la kundalini. Une fois que vous avez fait tous les exercices que nous vous indiquons dans ce livre, vous pouvez les refaire à n'importe quel moment et dans n'importe quel ordre, selon votre préférence. Utilisez-les lorsque vous sentez que vous en avez besoin. Travaillez avec les cristaux en commençant par le début, notez comment votre efficacité s'améliore, à chaque exercice que vous faites pour vous développer et vous sensibiliser.

2. DESCRIPTION PHYSIQUE

Les cristaux naturels de quartz, souvent mentionnés dans la tradition ancienne comme « les gardiens de la Terre », eau ou lumière glacée, se forment naturellement à partir de silice et d'eau, à travers un long processus de chaleur et de pression. Ils sont enterrés généralement en des endroits où la roche est de nature siliceuse et parfois dans le lit des rivières, où ils ont été précipités des montagnes dont ils ont été délogés. Ils voisinent souvent avec l'or.

La variété de cristal de quartz que l'on appelle parfois « cristal de roche » se trouve dans le monde entier. Actuellement, les plus grands fournisseurs de beaux cristaux très fins sont l'Arkansas, Herkeimer dans l'état de New-York, le Mexique et le Brésil.

Leur formation naturelle leur octroie six côtés ou faces, et une pointe, à l'un des bouts ou aux deux bouts. On dit d'un cristal qui n'a qu'une seule pointe qu'il a une terminaison simple; deux pointes : il a une terminaison double. On les trouve en groupe, agglutinés les uns aux autres dans toutes les directions ou seuls, généralement parce qu'ils se sont détachés des agglomérats.

Les cristaux de quartz sont à la fois transparents et colorés. Chaque couleur a son propre taux de vibration, des caractéristiques et des pouvoirs particuliers. Le cristal que l'on emploie le plus couramment est le quartz clair, qui est transparent. Font aussi partie de la famille des quartz les améthystes — de couleur violette —, les quartz bleus et roses, la citrine — qui varie du jaune pâle à l'orange vif et au marron clair —, le quartz vert, le rutile — où sont incluses de fines paillettes colorées d'or ou de cuivre —, et des quartz avec des inclusions de baguettes de tourmaline noires, bleues ou vertes. Chacun d'entre eux a un usage particulier que nous expliciterons dans ce livre.

L'énergie, sous forme de vibration, est projetée à partir de chaque cristal et forme un champ autour de lui. On en parle souvent comme de la « puissance » du cristal. Chaque projection varie en dimension. Dans la plupart des cas, un petit cristal d'environ cinq centimètres va avoir un champ de projection d'environ cinq mètres. On peut voir ici que même un petit cristal peut être tout à fait puissant. Les plus gros auront souvent — mais pas obligatoirement — un champ de projection plus grand. La taille, cependant, n'est pas toujours déterminante pour la grandeur du champ. La pureté et la brillance d'un cristal sont souvent plus importantes pour déterminer son influence. S'il est plus gros, il peut emmagasiner et supporter de recevoir davantage d'énergie. Comme nous le verrons plus loin, il est possible de placer dans le cristal des informations qui augmenteront énormément son champ de projection. Chaque cristal contient une ligne directionnelle sur laquelle l'énergie va passer lorsqu'elle est transmise au cristal. Le courant d'énergie entre à partir du bas, traverse le cristal et sort par la pointe. S'il a une double terminaison, l'énergie va et vient dans les deux sens comme dans une pile. Pendant qu'il transforme l'énergie, il se dilate et se rétracte légèrement, plus ou moins selon le taux de vibration de l'influence à laquelle il est exposé (c'est cette oscillation qui rend le cristal essentiel pour la transmission de la radio et de la télévision).

Il existe de nombreuses façons d'augmenter la puissance d'un cristal ou de le charger d'énergie. On pourrait dire qu'on lui donne vie lorsqu'on le charge d'énergie. Pour les charger, mettez vos cristaux au soleil, plongez-les dans l'eau, dans les vagues de l'océan, sous une cascade ou déposez-les dans le lit d'une rivière. Même l'eau froide du robinet peut les charger légèrement, le vent qui souffle aussi. En principe, tout ce qui peut vous vivifier ou vous énergétiser fera de même avec un cristal.

Vous pouvez programmer celui-ci avec certains types d'influences qui, non seulement, augmenteront sa puissance, mais permettront aussi d'emmagasiner une énergie qui pourra être utilisée plus tard, pour un travail que vous aurez besoin de faire. Enterrez par exemple votre cristal un certain temps dans la terre; il se chargera de la force solidifiante et nourrissante de l'énergie terrestre. Emmenez-le à la plage et enterrez-le partiellement dans le sable pour qu'il reçoive en même temps l'énergie de la terre, celle du vent de l'océan et celle du soleil. Mettez-le dehors toute la nuit pour qu'il se charge d'énergie lunaire, féminine, et de la douceur de la nuit sombre et étoilée. Choisissez l'énergie que vous voulez utiliser pour vos travaux et chargez vos cristaux en conséquence. Il vaut mieux charger chaque cristal avec un seul type d'énergie, puis le recouvrir jusqu'à ce que vous l'utilisiez.

Si vous voulez vraiment connaître les cristaux,
prenez connaissance de la roche :
Trouvez une falaise rocheuse
et frottez votre corps sur elle...
Méditez sur la roche et dans la roche.

3. CHOISIR VOTRE CRISTAL
ET LE PROGRAMMER CONVENABLEMENT

Maintenant que vous avez quelque idée des propriétés physiques des cristaux de quartz, comment devez-vous procéder pour choisir les vôtres ? Comme nous l'avons déjà dit, il faut en considérer la taille, la pureté et la brillance. Il faut aussi qu'ils vous plaisent. Il y a comme des fils d'araignée ou des traînées nuageuses légèrement opaques à l'intérieur de certains cristaux : ce sont des inclusions. Les formations provenant de baguettes de tourmaline, de filaments d'or ou de cuivre auront peut-être un sens pour vous. Les arcs-en-ciel peuvent énergétiser un cristal, de par leur nature éthérique et leurs couleurs. Certains cristaux paraissent plus denses, d'autres plus éthériques, comme s'ils vous poussaient vers les cieux.

Comment ressentez-vous votre cristal ? Irradie-t-il de la chaleur, ou au contraire de la fraîcheur ? Préférez-vous un qu'il soit parfaitement clair, si tout autre élément ne peut que vous distraire ? Tout ceci ajoute valeur et signification à votre cristal. La plupart des enseignements sur les cristaux stipulent que la terminaison doit être entière : ni ébréchée, ni craquelée ou cassée. On dit que ceci détourne ou interrompt le courant énergétique. C'est souvent vrai. Cependant la puissance peut être remarquable même si la terminaison est ébréchée.

Parfois le cristal a été travaillé et poli en forme et taille particulières pour projeter des champs d'énergie ou des courants énergétiques propres à ces structures. En sont un exemple les boules de cristal dont la forme ronde établit un champ d'énergie circulaire qui attire facilement en son centre. Il y a aussi les croix et les pyramides. Certains cristaux ont été polis sur une ou plusieurs faces et ont gardé brutes certaines faces : ceci donne un résultat intéressant à observer : il y a comme des paysages enroulés à l'intérieur. Vérifiez alors que le travail lapidaire ait été exécuté en conscience et n'endommage pas le courant énergétique. Ce dernier a parfois été coupé ou dévié, et le cristal s'en trouve sérieusement affaibli. Le travail lapidaire devrait laisser intacte l'intégrité de la pierre et, loin de diminuer sa puissance, contribuer à la rehausser.

Désirez-vous avoir un cristal que vous puissiez toujours porter avec vous ? S'il en est ainsi, trouvez-en un qui se sente bien dans votre main. Certains ont une forme particulièrement adaptée à la main, d'autres sont taillés délibérément pour pouvoir servir à masser.

Comment allez-vous utiliser votre cristal ? Les personnes qui veulent faire un travail astral ou sur les rêves préfèrent habituellement un cristal à double terminaison ou un diamant de Herkeimer — particulièrement brillant et à double terminaison — que l'on trouve dans la région de Herkeimer, dans l'état de New-YorK. (Nous parlerons plus loin dans ce livre du travail astral et sur les rêves).

Si vous voulez diriger l'énergie dans une direction, choisissez un cristal pointu ou à terminaison simple. Lorsqu'ils sont groupés, ils conviennent particulièrement à l'énergétisation d'une pièce ou de votre environnement. En définitive, sentez l'énergie du cristal pour voir sa puissance.

Le facteur décisif est finalement celui-ci : vers quel cristal êtes-vous attiré ? Lequel d'entre eux vous semble presque irrésistible ? Choisissez celui qui, *intuitivement*, vous semble être le bon. La plupart du temps, ce sera celui que vous aurez vu le premier !

Après avoir choisi votre cristal, quelle est la meilleure façon de le conserver ? Lorsque vous ne les utilisez pas, vous devriez garder vos cristaux emballés dans des fibres naturelles. Il est préférable de prendre du coton, de la soie ou du cuir. Faites attention à la couleur dans laquelle vous les enveloppez, car elle aura une influence sur eux. Quelle couleur vous semble le mieux convenir lorsque vous tenez le cristal ? Souvent ce sera celle que vous aurez envie d'utiliser. Vous pouvez vouloir installer votre cristal, emballé ou non, sur un autel ou en quelque place sacrée ou spéciale que vous aurez préparée. Cette influence de pureté et de lumière restera en lui; il sera protégé contre toute intrusion. Vous pouvez aussi mettre avec lui quelque chose qui ait un pouvoir ou une signification particulière pour vous et qui l'influencera avec son énergie propre.

En général, un cristal que vous avez destiné à un usage spécifique ne devrait pas être manipulé par d'autres personnes, exactement de la même manière que vous ne l'exposeriez pas à d'autres influences qui pourraient interférer avec sa destination particulière.

Vous pouvez, par contre, laisser quelques-uns de vos cristaux au vu et au su de tout le monde pour partager leur beauté et leur éclat uniques.

4. COMMENT TRAVAILLER AVEC LES CRISTAUX DE QUARTZ

Les physiciens modernes affirment que la forme physique est essentiellement faite d'énergie, et que la nature de la matière physique est intrinsèquement dynamique, en mouvement. En d'autres termes, tout ce qui existe est la manifestation extérieure d'une forme énergétique, d'un taux de vibration. En allant plus loin, on peut dire que tout ne peut exister que dans une relation dynamique de cause à effet avec le reste. Rien n'existe dans le vide; un changement quelque part, dans le taux ou la forme de vibration d'une forme particulière en un lieu, crée par conséquent un changement correspondant dans les vibrations d'autres formes qui lui sont reliées, autre part, qui affecte d'autres formes, lesquelles affectent encore d'autres formes, etc. Ce simple mécanisme de cause à effet est comparable à celui de la pierre lâchée dans une mare, provoquant une vague qui va s'étendre en cercles concentriques toujours croissants autour de l'impulsion originelle.

En travaillant avec des cristaux de quartz, nous fonctionnons sur le même principe. Nous créons des changements ou manipulons, d'une certaine façon, les vibrations à un niveau subtil, non physique, pour essayer d'influer sur celles qui leur sont liées sur le plan physique. Les cristaux de quartz, parce qu'ils ont un taux de vibration extrêmement élevé et précis qui peut être manipulé avec exactitude, peuvent ici nous être très utiles, grâce à leur tendance à résonner en harmonie avec toute vibration avec laquelle ils sont mis en contact. Sachant qu'un cristal tend à harmoniser son taux de vibration avec un autre, nous allons tirer parti de cette propriété pour qu'il amplifie, emmagasine, transforme, transmute et focalise les vibrations, de sorte que puissent se produire les changements que l'on attend de ce travail. Comment ? Un cristal de quartz va automatiquement harmoniser et recréer la vibration de n'importe quel objet avec lequel il sera mis en contact physiquement, et/ou pourra être destiné à cet usage par l'application de l'intention consciente.

Pour diriger intentionnellement l'activité d'un cristal, nous nous appuyons sur notre savoir naturel de façon à créer un jeu de vibrations particulières en nous-même. Nous nous plaçons ensuite en interaction avec notre cristal pour le mettre en harmonie et en résonance avec le nouveau taux de vibration que nous avons créé en nous. En nous focalisant sur notre intention, nous pouvons alors diriger cette résonance du cristal, ou interférer avec d'autres champs de vibration de notre choix, en supprimant les limitations normalement imposées par le temps et l'espace.

Si l'on ne rencontre pas de résistance dans le champ de vibrations que nous avons choisi, il résonnera forcément en harmonie avec les vibrations du cristal, plus fortes parce qu'elles ont été hautement chargées avec notre intention. En d'autres termes, nous plaçons un certain courant d'énergie dans le cristal; la force qui transmet ou transporte ce courant est celle de l'intention : plus elle est concentrée, plus effective sera la force pour aller plus loin et effectuer davantage de changements. Ainsi, avec notre cristal, nous avons produit un changement de vibrations qui se manifestera physiquement dans la voie que nous avons tracée. (De plus amples élaborations seront abordées dans les chapitres suivants).

Certaines choses se font automatiquement : le corps et/ou l'environnement seront énergétisés par la simple proximité d'un cristal, grâce à la tendance naturelle qu'a ce dernier à élever à son propre niveau les taux de vibration les plus bas. De plus, un cristal génère des ions négatifs qui suscitent autour de lui une sensation de rafraîchissement, d'harmonie et d'atmosphère élevée. Dans l'environnement du cristal va se refléter tôt ou tard le taux de vibration auquel il aura été soumis. L'intention de l'utilisateur est cependant extrêmement importante, la plupart du temps, pour le travail avec les cristaux. Parce que toutes les manifestations de l'être sont essentiellement des vibrations —

comme l'ont toujours su les chamans, les prêtres, les mystiques et les guérisseurs —, les cristaux de quartz peuvent être utilisés pour modifier des pensées, des émotions, notre corps, et d'autres formes physiques. Les émotions négatives peuvent devenir positives, les états de disharmonie être rééquilibrés, nos corps énergétisés ou soignés, nos pensées amplifiées, accroissant le pouvoir de l'affirmation, de la concentration, de la méditation, de l'intention et de la visualisation. A la place du stress, nous pouvons instaurer le calme. L'utilisation des cristaux de quartz et le bénéfice que l'on peut en tirer n'ont de limites que celles que nous nous imposons.

> *C'est vous qui êtes votre laboratoire...*
> *et le scientifique qui y opère..*

5. SE CENTRER ET SE RELIER
A LA TERRE

Avant de commencer tout exercice avec un cristal, il faut d'abord vous centrer et vous relier à la terre. Qu'est-ce que cela signifie ? Le centrage fait référence à cet état d'être dans lequel vous vous sentez n'être que vous-même : plutôt que juger que vous êtes ceci ou cela, qui ou quoi, vous avez juste le sentiment d'être ici, maintenant (le sentiment d'être « ici et maintenant » n'est pas une pensée mais une expérience totalement à part de la pensée).

Le centrage donne le sentiment d'être rassemblé autour de son centre, au lieu d'être dispersé (d'où le terme « centré »). On se sent comme agrégé autour de son Coeur, de son Plexus Solaire, ou, quelquefois, autour d'une zone située entre les deux. En réalité ce centre n'est pas précisément localisé. Le centrage se ressent comme un état de calme réceptivité. A ce niveau, votre voix intérieure, votre volonté, vos centres de conscience et d'énergie les plus élevés vous deviennent accessibles. Vous ne pouvez vous focaliser et vous concentrer que lorsque vous êtes centré; vous avez davantage d'énergie lorsque vous l'êtes. C'est une condition majeure, indispensable pour pouvoir travailler efficacement avec un cristal.

Tout au long du livre, nous faisons référence au centrage. Vous trouverez d'abord des exercices à faire pour arriver à instaurer cet état. Se centrer automatiquement avant d'aborder chaque méthode d'utilisation ou autre apprentissage est nécessaire, que cela soit indiqué ou non. Bien que les exercices destinés à clarifier votre esprit, à développer votre concentration, à travailler sur vos émotions et à fortifier votre volonté, vous aident à vous centrer, nous vous indiquons tout de suite une technique spéciale pour le centrage.

A. EXERCICE POUR SE CENTRER

Asseyez-vous, la colonne vertébrale bien droite. Installez-vous le plus confortablement possible : en tailleur, sur les genoux ou sur une chaise à dossier droit. Fermez les yeux. Focalisez votre attention sur le milieu de votre poitrine. Commencez à respirer par le nez, longuement, profondément. Emplissez vos poumons, retenez brièvement, puis expirez en les vidant totalement. De cette façon, vous faites le pleinde forces vitales et équilibrez vos rythmes corporels. Vos respirations doivent être longues et profondes. Poursuivez, jusqu'à ce que vous vous sentiez centré. Cela prend habituellement de trois à dix minutes.

Une autre méthode de centrage, qui marche très vite, fait appel au son, lequel peut être utilisé de nombreuses façons. Essayez celle-ci : prenez quelques longues respirations profondes et fermez les yeux. Faites retentir une cloche ou un gong qui ait un son clair, perçant et soutenu. Détendez-vous et concentrez-vous sur le son en le faisant résonner sans discontinuer. Laissez-le vous conduire au calme et à la concentration.

Pour aborder n'importe quel travail avec les cristaux, il est nécessaire de se relier à la terre après s'être centré. C'est une attache sécurisante que de se sentir connecté à la terre. Le flot d'énergie qui en émane va passer par la plante de vos pieds, monter dans votre corps et pourra rejoindre l'énergie qui vient du ciel par le sommet de votre tête et descend dans votre corps. L'union des énergies céleste et terrestre crée l'équilibre indispensable au travail. L'information subtile que vous recevez et expérimentez peut alors se manifester et être appliquée au cristal, ce qui ne pourrait se produire si vous n'étiez pas relié à la terre. Dans ce cas, vous vous sentez « extérieur », nerveux ou hyperactif et vous vous avérez souvent moins efficace dans votre vie quotidienne.

Il y a de nombreux moyens de se relier à la terre : porter ou avoir sur soi des cristaux de quartz fumés, ou les emporter avec soi. La pyrite de fer est souveraine; toute pierre colorée, telle que l'agate ou le jaspe, relie à la terre. Les cristaux et/ou les roches portés à la cheville ont un effet puissant. Ouvrir les points du méridien d'énergie situé au milieu de la plante de vos pieds permet aussi de se sentir relié. Imaginez que des racines partent de vos pieds et s'enfoncent dans le sol lorsque vous marchez pieds-nus. Essayez la technique suivante :

B. RELIEZ-VOUS A LA TERRE

1) Asseyez-vous, dos bien droit, et centrez-vous. Fermez les yeux.

2) Imaginez une corde de lumière dorée, partant du bas de votre colonne dorsale, qui descend pour s'enfoncer dans la terre. Si vous êtes à l'intérieur, voyez-la traverser le plancher ou les étages, jusqu'à la terre.

3) Servez-vous de votre respiration si vous le désirez : sur chaque expir, envoyez des quantités croissantes d'énergie dans la corde dorée qui va s'enfoncer plus loin vers le centre de la planète.

4) Essayez de vous sentir plus lourd, ou commme si votre corps prenait de l'expansion. Vous allez peut-etre percevoir des picotements le long de votre épine dorsale.

5) Si une tension ou des tiraillements se manifestent, imaginez que votre expir relâche ces blocages. Tournez lentement votre cou et penchez doucement tout votre corps, ou la partie qui vous semble tendue.

6) Poursuivez cet exercice jusqu'à ce que vous vous sentiez relié à la terre, ou pendant trois minutes.

6. PURIFIER ET PROGRAMMER VOTRE CRISTAL

Les cristaux de quartz emmagasinent des vibrations qui peuvent provenir de sources aussi variées que le son, la lumière, le toucher, l'émotion, la pensée, ou l'environnement physique qui les entoure. Ces vibrations peuvent à leur tour affecter ceux qui viennent à être en contact avec le cristal (ce processus est expliqué plus en détail dans les pages précédentes). Par conséquent, avant de commencer à travailler avec le cristal que vous venez d'acquérir, avant et immédiatement après l'avoir utilisé pour un travail de guérison, ou lorsqu'une quelconque influence importune l'a investi, qu'il semble terne ou paraît manquer de vie, il vous faut éliminer l'énergie qui lui a été imprimée et qu'il a emmagasinée. C'est ce que l'on appelle *purifier un cristal.* De nombreuses méthodes sont efficaces pour ce faire. En voici quelques-unes que vous pourrez essayer. Eprouvez-les et choisissez celle qui vous convient le mieux.

La fumigation

est une méthode originaire d'Amérique, efficace pour se purifier, purifier les autres ou la pièce où l'on se trouve, aussi bien que les cristaux et autres pierres.

Mettez d'abord de la sauge, du cèdre ou de la glycérie dans un récipient qui résiste à la chaleur. Vous pouvez, si vous le désirez, utiliser une coquille St-Jacques ou autre coquillage, ou un brûleur à encens. Enflammez, éventez et soufflez jusqu'à ce que le feu prenne et dégage beaucoup de fumée. Passez alors votre cristal (vos cristaux) à travers la fumée, ou soufflez celle-ci vers votre cristal en émettant l'intention de le purifier. Continuez jusqu'à ce qu'il paraisse plus pur. Lorsque vous choisirez la sauge ou le cèdre pour combustible, cueillez-les là où ils poussent à l'état sauvage et prenez quelques brindilles. Séchez-les avant d'essayer de les brûler. On peut prendre les feuilles, mais elles sont plus difficiles à brûler que le bois. Faites attention évidemment à ne pas employer des branches qui pourraient faire de grandes flammes et occasionner des dégâts. La sauge séchée achetée chez un épicier ne peut être utilisée qu'avec du charbon de bois, et ce n'est pas facile. Préférez les feuilles de cèdre aux pommes. La glycérie est une herbe sauvage particulière qui pousse en de nombreux endroits. Ce n'est pas de l'herbe à gazon. Si vous ne trouvez aucune de ces trois plantes, prenez de l'encens de santal, et si vous n'en avez pas, prenez n'importe quel encens qui vous convienne.

Pour vous purifier ou purifier autrui, soufflez la fumée sur le corps entier, de la tête aux pieds. Pour une pièce, dispersez la fumée partout.

Le souffle

Cette méthode convient mieux à un cristal unique qu'à un groupe de cristaux. Si vous voulez purifier plusieurs cristaux à la fois, ce sera plus long que la fumigation.

Prenez d'abord votre cristal dans la main gauche, terminaison pointée vers le haut. Mettez votre pouce en bas et votre index en haut. Portez-le à environ quinze centimètres du centre de votre poitrine. Placez ensuite votre pouce droit sur l'une des faces du cristal et votre index sur la face opposée (voir le schéma). Focalisez-vous sur le cristal avec l'intention de le purifier. Ce faisant, inspirez par le nez et expirez avec force par la bouche en direction du cristal. C'est comme si votre souffle portait votre intention. Placez ensuite votre pouce droit sur la face qui suit immédiatement celle où il était, et votre index sur la face opposée. Inspirez et expirez comme précédemment. Terminez avec les deux dernières faces. Le cristal est alors purifié.

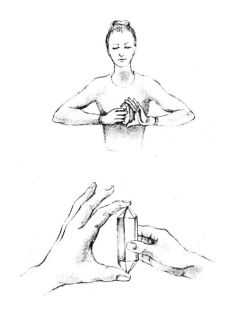

Le sel et l'eau salée

Mettez vos cristaux dans du sel de mer pendant une période de un à sept jours, en partie ou complètement enterrés (vous pouvez acheter du sel de mer chez votre diététicien). Retirez-les lorsqu'ils vous semblent physiquement plus purs, ou lorsque vous sentez qu'ils le sont. Changez votre sel au moins une fois par mois. Si vous préférez utiliser de l'eau salée, mettez vos cristaux dans un récipient en verre rempli d'eau et de sel de mer. Installez le tout au soleil pendant une période de un à sept jours. Mettez l'équivalent de trois cuillères à soupe de sel pour un quart de litre d'eau, et prenez suffisamment d'eau pour recouvrir les pierres. Ces deux méthodes s'appuient sur le principe que les cristaux de sel, plus petits, attirent ce qui est emmagasiné dans les gros cristaux. Une fois le processus de purification mené à terme, jetez l'eau salée (ne la buvez pas et n'arrosez pas vos plantes avec).

D'autres méthodes

Vous pouvez aussi vous servir d'une bande démagnétisante pour purifier vos cristaux. Frottez-la sur toute leur longueur. La visualisation peut également être efficace. Cette méthode cependant ne peut être considérée comme aussi sûre que celles que nous avons décrites plus haut, car si votre concentration ou votre intention faiblissent, les pierres ne seront pas totalement purifiées. Si néanmoins c'est la visualisation qui vous convient le mieux, purifiez votre cristal en imaginant qu'une lumière dorée provenant des rayons du soleil s'écoule du haut du cristal vers le bas. Elle en chasse toute la négativité qui va s'échapper par le bas du cristal et entrer dans la terre où elle sera transmutée. Votre cristal sera alors pur et étincelant.

Quand votre cristal est purifié, vous pouvez commencer à travailler avec. La suite de notre ouvrage décrit les processus et les méthodes exacts qui vous permettront d'utiliser votre volonté, votre pensée et vos émotions pour affecter les vibrations des cristaux et créer ainsi des changements appropriés sur les corps subtils, donc physiques. Les changements de vibrations que vous allez provoquer dans le cristal peuvent servir immédiatement ou rester en lui pour une utilisation ultérieure. On peut aussi conserver certaines vibrations dans un cristal aussi longtemps que nécessaire pour obtenir un effet à long terme, avant de le purifier. Ce processus de création consciente d'une vibration ou d'un jeu de vibrations à l'intérieur d'un cristal et de leur conservation éventuelle pour un effet continu porte le nom de « *programmation* ». Celle-ci peut s'effectuer par la pensée, les émotions, le son, la couleur, le toucher ou tout autre influence par laquelle on peut normalement changer la vibration d'un cristal.

A. PROGRAMMER VOTRE CRISTAL

1) Purifiez le cristal à programmer.

2) Tenez le cristal dans les deux mains en le fixant (si l'on ne peut le prendre, étendre les deux mains au-dessus).

3) Centrez-vous et clarifiez votre mental. Concentrez-vous sur la programmation que vous voulez placer dans votre cristal.

4) Toujours concentré, inspirez et exhalez avec force par la bouche, comme si vous vouliez souffler votre intention sur le cristal.

5) Continuez jusqu'à ce que vous sentiez que le cristal est totalement investi de votre intention.

6) Cette vibration est à présent emmagasinée et ne partira que lorsque vous désirerez la faire disparaître.

Certaines méthodes stipulent qu'un programme est plus efficacement « bouclé » dans un cristal lorsque l'on a fait passer le cristal de une à cinq fois à travers une flamme : après avoir programmé votre cristal, passez-le de droite à gauche au travers d'une flamme pour sceller la programmation.

7) Lorsque votre programmation est terminée, purifiez-vous et faites-en de même pour votre environnement. Quand vous voudrez déprogrammer votre cristal, il suffira de le purifier (même si la programmation a été bouclée).

Cette méthode vaut pour une programmation immédiate ou différée. Le reste du livre vous donnera de plus amples informations qui vous permettront de comprendre totalement comment un cristal peut être influencé et utilisé, et comment lui-même peut influer sur notre corps, nos pensées, nos émotions et notre environnement.

La vérité est au-delà du vrai et du faux...
Elle se suffit à elle-même.
Faites-d'elle votre guide.
Tel est le sens de la Discrimination.

7. DEVELOPPER SA SENSIBILITE AUX VIBRATIONS DES SENTIMENTS PHYSIQUES ET DE L'INTUITION

En opérant avec les cristaux, vous pouvez sentir les champs de vibration qui les entourent, les schémas vibratoires issus de leur utilisation, et ceux qui sont associés à ce dont vous voulez charger votre cristal. Il est utile, en particulier pour la guérison, de pouvoir sentir **physiquement** les vibrations sur lesquelles vous travaillez. Essayez de faire l'exercice suivant pour développer la sensibilité de vos mains, de sorte que vous puissiez sentir cette énergie.

A. SENSIBILISATION AVEC LE SOUFFLE ET LE CRISTAL

Frottez très fort l'une contre l'autre les paumes de vos mains pendant trente secondes, voire une minute. Ceci va dégager beaucoup de chaleur. Sensibilisez vos mains en les ouvrant et en soufflant légèrement dessus pour créer une sensation de fourmillement, puis tenez votre cristal dans une main et touchez légèrement sa terminaison avec le centre de la paume de votre autre main. Prenez ensuite le cristal et faites-lui faire un mouvement circulaire jusqu'à ce que vous puissiez sentir l'énergie qu'il dégage sous forme de picotements ou de fraîcheur. Voyez pendant combien de temps vous pouvez ressentir ces vibrations dans votre paume. Essayez alors de bouger le cristal au-dessus de votre corps, à une distance de quinze centimètres environ, et sentez l'extraordinaire puissance de l'énergie produite.

Comme vous pouvez le deviner, vous avez besoin d'être très calme pour percevoir la vibration produite par le cristal. En fait, l'aptitude à sentir l'énergie ne dépend pas seulement de la sensibilité des mains, mais est aussi une question de degré de focalisation de votre pensée. Pour parfaire la concentration mentale dont vous avez besoin, vous devez savoir être calme physiquement et en esprit. Laissez la conscience devenir comme une eau tranquille. Ne permettez à aucune pensée discursive de troubler sa surface. Si vous sentez que vos pensées vagabondent, détachez-en votre attention et retournez doucement vers le cristal et vers votre main. Certaines personnes peuvent percevoir immédiatement l'énergie produite; d'autres ont besoin de plus de temps. Si l'expérience ne marche pas la première fois, répétez-la, ou tentez-la plusieurs fois le même jour. Vous finirez par y arriver.

L'exercice suivant développe la sensibilité aux vibrations du cristal et vous aide à sentir avec vos mains le champ de vibrations subtiles d'objets physiques, celles de votre corps et celles du corps d'autrui. Pour en faire l'expérience, essayez ceci :

B. SENTIR LES CHAMPS DE VIBRATIONS SUBTILES

Sensibilisez d'abord vos mains en faisant l'exercice précédent, puis, en tenant le cristal à environ quinze centimètres de l'objet que vous avez choisi, passez la main — dont la sensibilité va être augmentée — au-dessus de ce dernier. Quand vous sentirez le champ vibratoire que dégage cet objet, éloignez votre main lentement, jusqu'à ce que vous ne puissiez plus rien sentir. Votre mental doit être calme et votre attention complètement centrée sur ce que vous faites. Jusqu'à quelle distance le champ d'énergie créé par l'objet s'étend-il ? La vibration et la force vitale d'un objet dépendent de l'extension de son champ vibratoire (se référer à l'étude des auras mentale et astrale plus avant dans ce livre).

Vous allez découvrir qu'en travaillant pour amplifier la sensibilité de vos mains et votre concentration, vos aptitudes intuitives vont se développer. Comme votre intellect est moins sollicité, d'autres voies de connaissance s'ouvrent à vous naturellement. Au fur et à mesure que vous sentez physiquement davantage les énergies subtiles, vous développez aussi un sens subtil; c'est le sentiment de connaître quelque chose sans savoir comment on le connaît. Ce sens n'est pas basé sur un raisonnement intellectuel quel qu'il soit, mais il peut trouver ensuite confirmation par l'intellect. Apprenez à vous reposer sur ce sens, sans pour autant ignorer l'information qui vient de l'univers physique. En fait, vous allez utiliser l'univers physique pour prouver la légitimité de ce que vous avez senti intuitivement. Ceci, en retour, concourt à affiner l'acuité de votre intuition et la renforce. Pour accroître les sens subtils, il importe d'en prendre d'abord conscience, et ensuite d'avoir confiance. Croyez à ce que vous sentez et n'ayez pas peur d'agir selon. Soyez courageux; vous découvrirez que vous êtes capable de vous servir de votre intuition et de vos sens subtils aussi bien que d'éprouver physiquement les vibrations subtiles. Ceci augmente l'efficacité de votre travail avec les cristaux. Quand vous aurez passé quelque temps à étendre vos aptitudes à sentir les champs vibratoires d'objets physiques avec votre cristal, essayez de le faire sans cristal. Faites les exercices de respiration et de sensibilisation, et passez vos mains au-dessus du champ vibratoire de n'importe quel objet, sans utiliser votre cristal. Arrivez-vous toujours à le sentir ? Si vous n'y parvenez pas, recommencez, tentez encore une fois l'expérience. Si vous ne pouvez toujours pas, essayez plusieurs fois par jour jusqu'à ce que ça marche — et ça marchera.

Comme pour n'importe quelle activité, une pratique constante amène un progrès. On peut perdre ses aptitudes si l'on s'arrête, encore qu'en principe cette nouvelle sensibilité des mains ne disparaisse pas totalement. Si, à cause d'un manque de pratique, cette sensibilité aux vibrations physiques disparaît, vous ne mettrez pas si longtemps à récupérer. Recommencez et vous verrez.

Une fois que vous aurez développé vos aptitudes avec une main, il vous faudra le faire avec l'autre, car toutes deux vous serviront dans le travail avec les cristaux. Vous pouvez procéder avec une main d'abord et ensuite l'autre, ou bien le faire avec les deux en même temps.

L'exercice suivant peut se pratiquer avec les autres exercices de sensibilisation. Il vise non seulement à augmenter la sensibilité des mains, mais aussi à favoriser les sécrétions thyroïdiennes et para-thyroïdiennes pour envoyer les énergies dans les centres supérieurs de la tête. Il va également stimuler la glande pituitaire pour faire naître et grandir les aptitudes intuitives. Le centre du Coeur sera énergétisé et la pensée, clarifiée, pourra se concentrer davantage. En faisant cet exercice, il est important de trouver et de tenir la position exacte : elle produit en effet certaines pressions (comme vous allez le remarquer) qui amplifient les réactions causées par le changement des schémas de pensée. Les sons que vous allez émettre activent quant à eux certains centres et créent des effets particuliers dont vous allez faire l'expérience. Cet exercice doit durer six minutes. Si vous ne pouvez pas, la première fois, tenir aussi longtemps, faites-le d'abord une minute, puis trois minutes, puis enfin six. Il n'est pas facile et demande quelques efforts de votre part. Faites appel à votre volonté pour pouvoir le poursuivre. Comme vous pourrez le constater, l'effort vaut le coup. Pour en tirer tous les bénéfices, il vous faudra le faire pendant trente jours.

C. DEVELOPPER L'INTUITION ET LA SENSIBILITE DES MAINS

Asseyez-vous en un lieu où vous ne serez pas dérangé, colonne vertébrale bien droite, tête de face, menton tendu. Si vous êtes assis sur une chaise, vos pieds seront à plat sur le sol, non croisés. Etendez-vos bras de chaque côté, parallèlement au sol, paume des mains tendue dirigée vers le haut. Concentrez-vous à présent sur le sommet de votre tête, tout en étant conscient de l'énergie au niveau de vos paumes (vous pouvez dans un premier temps, ne pas arriver à être conscient à la fois de votre tête et de vos mains (Figure A); si vous poursuivez l'exercice en le gardant à l'esprit, vous finirez par y parvenir). Si vos pensées vagabondent, ramenez-les doucement à l'exercice quand vous le remarquez. Après un moment, elles resteront plus facilement centrées. Si vous voulez, vous pouvez visualiser une ligne d'énergie qui part d'une paume au centre de votre tête puis à l'autre paume pour former un triangle. Regardez d'abord devant vous, puis tournez la tête vers la gauche, quatre fois, en prononçant le mot « WHAHO » à chaque fois (figure B). Parlez à voix haute, et fort. Après chaque mouvement de la tête, retournez à la position initiale de face (figure C). Tournez ensuite quatre fois la tête vers la droite et prononcez le mot « GOUROU » (goo-roo), en repassant chaque fois par la position de face. Poursuivez l'exercice sur un rythme régulier pendant six minutes (le son sera rythmé et continu, sans pauses). Un mouvement total dure à peu près sept

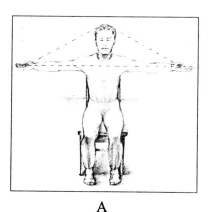

A

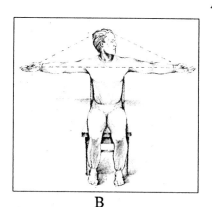

B

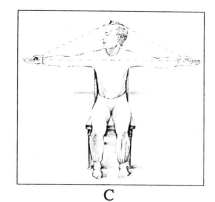

C

secondes. Quand les six minutes sont écoulées, inspirez et expirez profondément en relâchant les bras. Restez assis quelques instants pour bien intégrer les changements.

8. L'ENTRAINEMENT DE LA PENSEE

Chez la plupart des gens, le mental dérive indéfiniment de pensée en pensée à demi-formée, à demi-suivie. Ces pensées sont issues de ce que nous pouvons voir ou entendre, de l'impression des sens, de souvenirs et des autres pensées qui vibrent sans cesse autour de nous. Si le mental n'est ni surveillé ni entraîné, il reste en résonance avec toutes les autres pensées qui passent dans notre environnement, ou qui sont émises à notre intention. Un esprit non-contrôlé sera donc influencé par tous ces états vibratoires qui nous entourent.

Si, par exemple, les gens qui sont près de nous sont furieux, nous le devenons également; s'ils sont heureux, nous le sommes, etc. Si le ciel est couvert, nous nous sentons dépressif. Les vibrations des grandes villes nous rendent tendu et crispé. Nous pouvons plonger dans nos souvenirs en oubliant le présent, et nous mettre alors dans des états émotionnels qui génèrent des pensées leur correspondant. Tous, aussi, sommes esclaves plutôt que maîtres de notre mental. Lorsqu'il nous faut nous concentrer, les « muscles » ne fonctionnent pas. Nous ne pouvons rester sur une idée, une image ou calmer notre esprit. Plus nous tentons de le faire, plus nous nous empêtrons. Nous sommes incapables d'une attention soutenue. Nos pensées se chassent l'une l'autre, jusqu'à ce que nous soyons finalement distrait par l'une d'elles, plus forte. Cette description est celle d'un mental ordinaire, d'un mental qui n'est pas développé.

Quelle est la solution ? Que voulons-nous dire par « mental développé » ? On peut le comparer à une eau calme. Les pensées, comme des vagues, passent à la surface mais l'eau elle-même n'est pas troublée. Elles vont et viennent mais n'atteignent pas le mental. Celui-ci reste dans un état de conscience paisible. Lorsqu'il doit réagir à quelque chose de précis, il le fait avec force et fermeté. Aucune distraction ne perturbe notre attention, que soutient notre volonté. Lorsqu'un mental développé est concentré, il n'est conscient que de ce sur quoi il est focalisé, il demeure ferme. Lorsqu'il n'est plus besoin de se concentrer, le mental revient à son état premier d'équilibre. Ce n'est que lorsque notre mental est libéré des discriminations et jugements perpétuels que nous pouvons devenir conscient du courant continu de sagesse qui nous traverse et nous guide dans nos travaux.

Pourquoi avons-nous besoin d'avoir un mental clair et ferme lorsque nous travaillons avec les cristaux ? Nous avons vu qu'un cristal a la possibilité d'influencer les vibrations pour transformer les conditions. Nous pouvons l'utiliser à notre avantage en créant une vibration de pensées particulière, avec laquelle le cristal va résonner en harmonie; nous enverrons alors cette vibration qui interférera avec le système de vibrations existant. Celui-ci en sera affecté et changé selon notre intention.

Avec cette technique, nous pouvons provoquer des trans-formations sur les plans mental, astral, éthérique et physique. Pour que ce puisse être efficace, nous devons nous assurer que nos visualisations, pensées ou intentions soient soutenues sans défaillance, le temps nécessaire à l'accomplissement du proces-sus. Nos pensées et visualisations nécessitent une concentration suffisamment forte pour que le cristal puisse recevoir clairement leur impression, sans risquer d'être influencé par d'autres pen-sées ou d'autres visions. On ne doit transmettre qu'un seul jeu de vibrations. Si notre mental est encombré ou n'est pas maîtrisé, nous n'avons aucune chance d'y arriver. Aucun contrôle sur nos autres pensées ne doit détourner notre intention. En outre, nos images ou nos pensées doivent être fermement soutenues lorsque nous les dirigeons volontairement vers le cristal, pour qu'elles soient transmises de la façon que nous voulons. Plus concentrées pourront être nos pensées, plus maîtrisé, plus efficace sera notre travail.

Suit une technique pour développer et entraîner notre mental. Essayez-la, et testez la différence sur votre travail. On recommande de mener cette expérience sur trente jours au moins, pour pouvoir noter les résultats. Après l'avoir pratiquée, faites le troisième exercice, intitulé « Transmettre la paix ». Là, vous vous appuierez sur votre mental et votre intention pour diriger la vibration avec un cristal et créer le changement.

A. EXERCICE SUR LE SOUFFLE

Asseyez-vous en un lieu où vous ne serez pas dérangé. Soyez détendu mais droit. Vous pouvez vous allonger sur le dos, mais cela risque de vous inciter au sommeil. Fermez les yeux et portez votre attention sur votre respiration. Continuez à respirer naturellement, en remarquant l'endroit où votre souffle va picoter : le bout de votre nez, le devant des narines, ou la lèvre supérieure. Au lieu d'un picotement, il est possible que vous ressentiez une légère fraîcheur. Si vous n'arrivez pas à sentir où passe l'air lorsqu'il fait son chemin vers ou hors du corps, focalisez votre esprit sur le bout du nez, les narines ou la lèvre supérieure, jusqu'à ce que vous puissiez le repérer.

Toujours droit et détendu, et toujours en respirant naturellement, continuez à sentir le léger picotement de l'air que vous inspirez et expirez. Si vous percevez un relâchement de votre attention, ramenez-la doucement à votre respiration. Votre mental va se calmer, jusqu'à ce que plus rien ne parvienne à votre conscience que le picotement du souffle. Vous allez remarquer que votre respiration devient de plus en plus légère au fur et à mesure que vous entrez en état de concentration profonde. Il se peut que vous vous rendiez compte qu'elle s'arrête complètement, si vous atteignez un état de concentration extrêmement profond. Ne vous inquiétez pas. Vous ne l'aurez pas plutôt relevé que votre respiration repartira. N'essayez pas de la maîtriser, *contentez-vous d'y porter votre attention.*

Ignorez toutes les visions, les émotions, les sentiments ou les réalisations qui vous traversent : ils risqueraient de vous distraire de cet état de concentration. Faites cet exercice pendant au moins trois minutes pour commencer, puis augmentez-en la durée jusqu'à sept minutes, puis onze, puis quinze, puis trente. Si vous voulez, vous pouvez le poursuivre jusqu'à une heure.

Il est possible que votre mental vous semble plus actif lorsque vous commencerez à faire cet exercice; cette activité mentale a toujours été là, mais vous ne l'aviez pas prise en considération auparavant.

Très important : ne portez pas de jugement sur vous ou sur vos progrès : cela vous empêcherait de continuer. Otez de votre tête toute idée d'évaluation et retournez à votre souffle. Cet exercice va développer vos aptitudes à la concentration et à la maîtrise du mental sans effort.

Quand vous ferez cet exercice, notez comment les pensées semblent aller et venir dans votre tête. Elles n'y prennent pas leur origine mais paraissent la traverser en flottant. Certaines sont attirées vers vous, d'autres ne le sont pas. Ces pensées pour lesquelles vous ne sentez pas d'attraction, ou avec lesquelles vous ne vous sentez pas en résonance, ne demeurent pas en vous. Elles partent vite, ne se remarquent même pas. Dans un mental calme et maîtrisé, les pensées intruses ne restent pas. Celles avec lesquelles un mental clair travaille sont spécifiquement nécessaires et dirigées volontairement. On peut choisir et diriger les pensées et les images avec un cristal de quartz.

B. GENERER LA PAIX

Travaillez avec une personne qui se porte volontaire pour cet exercice. Asseyez-vous calmement, décontractés et bien droits, en vous faisant face. Respirez tous deux naturellement. La personne qui se tient devant vous doit fermer les yeux et être calme et réceptive à ce que vous voulez lui transmettre avec votre cristal. Tenez celui-ci face à vous, entre vos deux mains, pointe dirigée vers l'extérieur, et fermez les yeux. Imaginez que vous êtes très content. Pensez par exemple que vous êtes dans l'endroit le plus paisible que vous ayez jamais connu ou imaginé. Peut-être êtes-vous étendu au soleil, sur une plage déserte, en n'ayant rien à faire, sinon d'être conscient de la chaleur qui se répand en vous, et de la brise légère et rafraîchissante qui passe dans les palmiers, au-dessus de vous. Prenez quelques inspirations profondes, et relaxez-vous de plus en plus sur chaque expir. Sentez une profonde satisfaction vous emplir : tout va bien, tout est comme cela doit être, et le sera toujours. En imaginant cet état, suscitez en vous le sentiment qu'il implique.

A présent que vous êtes calme et attentif, ouvrez vos yeux et fixez le cristal de quartz. Toujours en paix et éveillé, respirez profondément et soufflez toute cette paix et cette plénitude dans le cristal, plusieurs fois si vous le désirez, jusqu'à ce que vous sentiez que c'est suffisant. Prenez à présent votre cristal dans la main droite, et dirigez sa pointe vers la personne qui vous fait face, assise, réceptive, les yeux clos. En faisant ce geste, imaginez que toute cette paix, toute cette plénitude soufflées dans le cristal sortent par sa pointe, et entrent dans votre partenaire. Voyez-les comme un flot de lumière rose ou dorée qui sortirait du cristal pour imprégner cette personne. Tant que vous continuez à transmettre au cristal ces images, ces pensées, ces sentiments de paix, elles continuent à se déverser chez l'autre. Vous pouvez faire tourner votre cristal autour de lui pour que cette paix se diffuse comme un halo de lumière — ou bien la diriger vers son Coeur. Laissez-vous inspirer par ce que vous ressentez. Si vos pensées ont l'air de vouloir vagabonder, contentez-vous de les ramener sur ce que vous faites. Imaginez encore la plénitude et la paix passant de vous à votre partenaire par l'intermédiaire du cristal.

Si vous sentez qu'il vous faut diriger ce courant sur un endroit particulier de son corps, faites-le. Si vous ressentez intuitivement une tension ou une résistance à ce courant de paix, dirigez vers elle votre cristal. Pensez que toutes les tensions s'adoucissent et se dispersent, jusqu'à ce que vous sentiez qu'il en est ainsi et qu'elles ont été remplacées par la plénitude. Vous pouvez voir la personne qui vous fait face prendre légèrement de l'ampleur dans l'éclat de cette paix, qui à présent semble émaner d'elle; ou voir se passer bien d'autres choses, toutes en rapport avec cette plénitude qui ne cesse de croître. Ne vous inquiétez pas, et ne vous demandez pas si ce que vous faites est bien accompli. Continuez simplement, jusqu'à ce que vous sentiez que cela suffit. Vous le sentirez très bien. Ayez confiance en vous.

Lorsque vous aurez fini cette transmission avec votre cristal, posez-le devant vous, fermez vos yeux et restez assis quelques minutes en profitant de cette plénitude. Puis ouvrez-les yeux, et dites à votre partenaire que vous avez terminé et qu'il peut ouvrir les siens quand il le désire. Restez alors assis tous deux quelques instants encore, avant de vous lever et d'aller retrouver votre vie quotidienne.

Certains effets vont se produire durant cet exercice : en imaginant ce sentiment de paix, vous avez provoqué en vous la résonance qui lui était propre, et le cristal de quartz a lui-même résonné à cette vibration lorsque vous la lui avez soufflée. Amplifiant cette onde de paix, il vous a aidé à vous sentir plus paisible, ce qui, en retour, a agi sur le cristal, et ainsi de suite, de plus en plus fort. Vous avez vu toutes ces vibrations sortir du cristal pour pénétrer votre partenaire et vous vous êtes servi de votre volonté pour les diriger et les harmoniser avec celles de votre partenaire. Celui-ci à son tour a été influencé et a ressenti cette plénitude.

En faisant l'exercice, vous avez dû remarquer qu'il se passait en vous certaines choses. Votre respiration sera devenue très calme. Peut-être aurez-vous ressenti des picotements sur le front, entre les sourcils, ou le long de votre colonne dorsale. Peut-être vous êtes-vous mis à trembler, ou à transpirer. Vous pouvez vous être senti affaibli, ou au contraire chargé d'une force et d'une énergie inhabituelles. Vous pouvez avoir vu s'accroître votre sensibilité ou votre conscience au niveau du corps... ou vous êtes-vous senti glisser dans le sommeil.

Ces sensations sont autant de manifestations d'énergies de nature plus subtile qui s'éveillent en vous, mais elles peuvent également manifester des blocages ou signaler une certaine faiblesse du système nerveux lorsque des énergies plus fortes et plus chargées traversent votre corps. Il y a de nombreuses origines possibles à ces diverses réactions, que nous traiterons dans les prochains chapitres. Pendant cet exercice, ignorez toutes ces impressions, détachez-en votre attention et ramenez-là à ce que vous faites. Ne les laissez pas interférer avec votre objet. Vous pourrez y penser et travailler dessus plus tard.

Il y a deux façons de visualiser et de créer un changement. La première consiste à imaginer que le changement s'est déjà produit, et à l'émettre à partir du cristal. La seconde est la méthode que nous venons d'utiliser pour notre exercice : on imagine un changement, on l'expérimente en son for intérieur, puis on le voit se parfaire et arriver *à terme* dans une autre personne. Dans ce dernier processus, il importe de se souvenir que l'on ne force pas le changement mais qu'on lui *permet* seulement de s'effectuer.

> *L'univers entier est un état d'esprit...*
> *changez votre esprit, vous changerez l'univers.*

9. LA VOLONTE

Votre volonté est cette force déterminée qui sous-tend vos intentions et leur donne de la puissance. La fermeté de la volonté est essentielle à l'efficacité du travail avec les cristaux de quartz. La durée de votre concentration, la force de vos projections, la clarté de vos visualisations dépendent toutes de la puissance de votre volonté. Celle-ci, combinée à diverses techniques, crée dans le cristal quantité de vibrations différentes. C'est elle aussi qui dirige ou transmet les courants d'énergie que vous avez créés, et qui renforce votre présence et vos actions sur les plans astral, mental et causal. Votre volonté prévaut dans tous les univers.

La force de votre détermination est liée à celle de votre vitalité : si vous avez peu d'énergie vitale, vous aurez peu de puissance. Prenez bien soin de votre santé. Elle est également liée à celle de votre système nerveux qu'il est donc important de développer en conséquence. Il faut également savoir que plus le Plexus Solaire est stimulé et ouvert, plus votre force de décision est grande. Faites les exercices proposés sur ce point (voir les exercices sur le troisième chakra dans le quatrième chapitre de la deuxième partie).

A côté de votre puissance individuelle de volonté existe dans l'univers une force similaire, que l'on utilise en travaillant avec les cristaux. Ce courant d'énergie existe sur tous les plans et sa force témoigne d'un certain ordre, qui fait que tout peut se produire. Elle est vivante, et source de grandissement. Elle est positive; elle est harmonieuse. Plus vous deviendrez conscient, plus vous aurez le sentiment de cette force. On la ressent comme une intention tenace qui sous-tend toute la vie. Nous n'en sommes jamais coupé, même si nous ne la remarquons pas. Elle nous concerne, mais en même temps s'étend au-delà de nous. On en parle souvent comme d'une « Volonté Supérieure ». Lorsqu'on en prend conscience, elle n'est jamais ressentie comme oppressive, mais au contraire comme libératrice. Bien que l'on puisse la percevoir dans le corps et l'éprouver, elle n'a pas une forme particulière que l'on puisse décrire, et ne provient d'aucune forme existante; c'est une essence que l'on retrouve partout.

lorsque l'on se met au service de cette volonté supérieure, dans les travaux avec les cristaux comme dans tous les travaux métaphysiques, on se sent équilibré et élevé, comme si nous étions dirigé dans notre travail, dans notre vie; puissance et force déferlent en nous. Si nous ne sommes pas en harmonie avec cette volonté supérieure, ou à son service, nos efforts seront, au bout du compte, perdus. Les résultats que nous obtiendrons ne pourront être durables; nous ne connaîtrons pas longtemps la paix et l'harmonie, ni nous, ni ceux avec qui nous travaillons.

Parce que nous n'aurons pas reçu la direction dont nous avons besoin, il nous faudra nous appuyer sur notre seul intellect, et nous ne pourrons jamais être efficace à long terme.

En offrant une résistance à cette volonté supérieure, nous attirons vers nous les énergies négatives, et nous ne pouvons finalement qu'en souffrir. Etre au service de la volonté supérieure ne veut pas dire que nous ne puissions avoir de vouloir propre; au contraire. Ce qui nous est demandé exige une extrême détermination; il en faut beaucoup pour être continuellement conscient de l'action correcte requise, et pour la mener à bien coûte que coûte. Si la volonté individuelle semble être renforcée en étant en harmonie avec la Volonté Supérieure, c'est quand même notre volonté qui détermine nos actions. Dans le travail avec les cristaux de quartz par exemple, vous voulez changer, diriger et transmettre les vibrations du cristal. C'est votre volonté qui soutient votre concentration quand vous visualisez. C'est avec elle que vous dirigez et soutenez votre attention dans les myriades de directions possibles.

Comment allez-vous déterminer ce qu'est la Volonté Supérieure et vous connecter avec elle ? Vous pouvez l'entendre ou l'éprouver lorsque votre esprit est calme, et que vous êtes centré. Sa voix silencieuse se fera entendre chaque fois que vous écoutez votre intuition, ou que vous vous concentrez sur votre centre du Coeur, au milieu de votre poitrine.

Ce n'est pas la même chose que votre connaissance intuitive, mais cela semble l'accompagner, sous la forme d'une direction intérieure. Si vous le recherchez, vous arriverez mieux à établir votre connexion avec ce maître intérieur. Méditez chaque jour quelques instants pour demander à être guidé par la Volonté Supérieure. Demandez à pouvoir entendre et à être entendu. Demandez à ce que vos actes ne soient pas issus de vos propres aspirations, mais naissent de l'harmonie avec la plus haute Volonté. Puisse ce guide supérieur ou l'Ordre Premier déterminer vos actes. Vous pouvez essayer de vous répéter silencieusement, alors que vous vaquez à vos occupations quotidiennes, cette affirmation : « Pas ma volonté, mais la Tienne ». Laissez-la pénétrer votre corps, votre mental et votre esprit jusqu'à ce qu'elle devienne partie intégrante de votre nature même.

Etes-vous à la recherche de votre puissance, et voulez-vous trouver comment l'utiliser ?
La vraie puissance n'est pas quelque chose que l'on puisse posséder.

Vous ne trouverez jamais votre vraie puissance,
ni la sagesse pour en faire usage
tant que vous voudrez avoir raison.
Qui êtes-vous quand vous voulez avoir raison, et qu'avez-vous à défendre ?

Cessez d'ignorer votre vraie nature.
Ce faisant, vous construisez votre propre prison.

10. LE PRANA OU FORCE VITALE

Le prana est considéré comme la force fondamentale de l'univers; on le trouve sur tous les plans, vitalisant chaque être — et nous-même, bien entendu. Cette force envoie son courant de vie à travers tous nos corps vers notre corps physique, où notre système nerveux le conduit jusqu'à ce qu'il soit absorbé par nos cellules. Notre degré de santé et de vitalité est déterminé par cette absorption et par la circulation du prana. Mieux nous l'intégrons, plus nous nous sentons dynamisé; plus nous le sommes, mieux nous nous portons.

Le prana est intimement lié à notre souffle. Lorsque nous inspirons profondément nous l'attirons davantage en notre corps. Lorsque nous l'exhalons nous nous en déchargeons. Notre respiration fait circuler en nous ce courant, et la répartition s'effectue naturellement. Cependant, on peut aussi maîtriser la distribution pranique, en soi comme en dehors de soi, par l'action de la volonté. Plusieurs techniques basées sur le souffle visent à ventiler et à rassembler le prana dans notre corps. Elles sont dites « Pranayam ».

Nous pouvons également combiner volonté et respiration pour diriger cette force vitale vers quelqu'un d'autre (ce qui est particulièrement précieux pour la guérison). Notre souffle peut aussi servir à charger, vitaliser ou fortifier toute projection que nous voulions exprimer en travaillant avec les cristaux. En d'autres termes, nous utilisons ensemble notre souffle chargé de prana et notre volonté pour transporter le courant énergétique dégagé par le cristal. Pour ce faire nous collectons consciemment le prana avec notre inspir, et, lors de l'expir, nous l'envoyons pour charger notre intention (nous verrons que ce processus est utilisé maintes fois dans ce livre).

L'exercice que nous vous proposons maintenant est destiné à émettre le prana pour vitaliser quelqu'un d'autre; nous pouvons aussi l'utiliser pour vitaliser notre nourriture, des plantes ou des animaux. Il vaut mieux le faire dehors au soleil, mais on peut tout aussi bien le faire n'importe où.

A. EXERCICE SUR LE PRANA

Asseyez-vous ou restez debout, confortablement, la colonne bien droite. Prenez dans votre main droite un cristal de quartz à simple terminaison dont la pointe sera dirigée vers l'extérieur. Centrez-vous en fermant les yeux et commencez à inspirer longuement par le nez.

C'est une technique particulière qui, entre autres, vise à intégrer des quantités plus importantes de prana dans votre corps. Emplissez totalement vos poumons quand vous inspirez. Voyez-vous attirant en vous de grandes quantités de prana qui circuleront dans tout votre corps. En expirant, voyez-vous expulser de votre organisme toutes les énergies négatives. Sentez votre corps qui se met à irradier davantage, et votre vitalité qui s'accroît à chaque inspir. Faites ainsi pendant au moins trois minutes.

A présent, en continuant à inhaler le prana, visualisez la personne à qui vous voulez envoyer cette énergie vitale, voyez-la clairement devant vous. Tout en continuant de vous focaliser sur elle, tendez votre bras droit pour pointer vers elle votre cristal; inspirez par le nez, puis soufflez par la bouche sur le cristal pour l'emplir du prana que vous avez accumulé en votre corps.

Faites ceci deux ou trois fois, ou jusqu'à ce que vous sentiez que le cristal est chargé de cette force vitale. Alors, inspirez et expirez pour envoyer cette fois le prana du cristal vers la personne. Continuez à l'exhaler de votre corps vers cette personne au travers du cristal, jusqu'à ce que vous sentiez qu'il est temps d'arrêter. Ne le faites pas plus de dix minutes. Mettez ensuite votre cristal de côté, baissez votre bras pour vous détendre. Rechargez-vous de prana en inspirant, et exhalez toute négativité que vous ayez pu intégrer, pendant trois minutes au moins, puis relaxez-vous.

Vous pouvez agir en plaçant directement la personne en face de vous, peu importe la distance. Si vous procédez ainsi, faites-le jusqu'à ce que la personne se sente vitalisée, ou jusqu'à ce que vous puissiez remarquer qu'elle l'est. Ne le faites jamais plus de dix minutes. Soyez toujours sûr de bien vous recharger ensuite. Quand c'est fini, purifiez votre cristal.

11. TRAVAILLER SUR LES ETATS EMOTIONNELS

Pour travailler sur les états émotionnels avec des cristaux de quartz, il faut contrôler fermement ses émotions. Elles ne doivent pas vous dominer.

Les maîtriser ne veut pas dire ne pas en avoir; au contraire, non content d'en avoir, il vous faut développer votre aptitude à les éprouver intensément. Si vous n'aviez pas la possibilité de ressentir vos propres émotions, vous ne pourriez être ouvert à celles des autres et cela limiterait considérablement vos travaux.

Tant de ceux-ci impliquent empathie et compassion pour les personnes avec lesquelles vous voulez travailler ! Pour avoir ces qualités, votre centre du Coeur doit être ouvert, car ici demeurent empathie et compassion. Si vous vous durcissez, vous bâtissez des murailles autour de ce centre et le fermez; alors l'énergie dont vous avez besoin ne peut circuler comme elle le doit dans votre corps, et vous êtes bloqué.

Que signifie « contrôler ses émotions » ? Cela veut dire leur permettre d'aller et venir, sans nécessairement leur laisser le pouvoir de déterminer vos dires ou vos actes. Cette partie impartiale de vous qui se contente de les observer va alors pouvoir décider de l'action appropriée. En travaillant à fortifier votre système nerveux et à ouvrir le centre du plexus solaire, vous allez développer cette force de volonté nécessaire pour résister à l'action impulsive. Alors, vous pourrez faire marche arrière, vous contenter d'observer et de faire l'expérience de l'émotion, sans la réprimer, sans agir sur elle de quelque façon que ce soit. Moins vous serez impliqué dans une émotion et attentif à elle, plus vite elle aura disparu. Vous la nourrissez en vous y arrêtant. Ceci est vrai pour toutes les émotions, qu'elles soient ou non négatives. Observez ce qui déclenche chacune d'entre elles; elles proviennent en général de désirs insatisfaits. Ressentez cette émotion et le désir qui la sous-tend, totalement, sans agir; puis lâchez votre désir. Vous apprendrez ainsi beaucoup sur vous-même et sur autrui.

Pour être efficace lorsque l'on travaille avec les cristaux, il faut être souple et opérer en accord avec la voix de votre guide intérieur. Si vous êtes attaché à un état émotionnel ou perdu en lui, vous ne serez pas capable de vous relâcher pour centrer votre attention sur elle. Vous ne pourrez pas non plus faire usage de votre volonté pour projeter une visualisation, une pensée, une émotion autres. Alors, au lieu de faire ce que vous auriez voulu, vous allez d'abord projeter votre état émotionnel. Soyez prudent et conscient de ce que vous émettez. Purifiez vos cristaux, vos instruments et la pièce où vous êtes si vous avez pu les mettre en contact avec un état émotionnel négatif.

Lorsque vous pourrez vous contenter d'observer les perturbations de vos affects sans agir sur elles, vous saurez comment faire avec eux. Les émotions ne sont pas moralement bonnes ou

mauvaises, mais les actes qu'elles déterminent peuvent être jugés
« bons » ou « mauvais ». L'action juste est celle qui est en
harmonie avec notre environnement, avec autrui et avec notre
voix intérieure. En vous dépassionnalisant, vous allez ouvrir
votre centre du Coeur. Lorsqu'il est ouvert et que vos émotions
ne vous aveuglent pas, vous vous trouvez naturellement en état
d'amour. Il suffit de le découvrir. L'amour n'a rien à voir avec
l'émotivité : il est infiniment plus calme, plus expansif et plus
profond. Chaque situation, chaque objet, chaque être a un
rapport particulier à l'amour, que vous pouvez sentir dans votre
corps même, lorsque vous êtes clair, et que vous vous centrez
avec un esprit calme. Quand vous êtes en mesure d'éprouver ou
de ressentir cette composante émotionnelle, vous vous identifiez
à elle.

Nous allons vous proposer une méthode pour travailler sur
les émotions : créez d'abord délibérément une émotion en vous,
et projetez-la avec l'appui de votre cristal pour la soumettre à des
changements. Comment faire ? Commencez par vous centrer et
par clarifier votre esprit en prenant votre cristal de quartz.
Voyez une transformation particulière que vous voudriez provoquer, ou visualisez ce que vous voulez projeter. Concentrez-vous
ensuite sur votre corps, à l'emplacement de votre centre du
Coeur, au milieu de votre poitrine. Quels sentiments et quelles
émotions semblent être associés avec ce que vous voulez faire ?
Si vous ne ressentez aucune émotion particulière, imaginez-en
une. Puis, toujours en vous concentrant sur votre visualisation
ou sur le changement, augmentez l'intensité de l'émotion que
vous avez créée en vous.

Avec votre volonté, projetez émotion et visualisation dans
le cristal, pour générer dans la pierre une vibration particulière
correspondant à une version très amplifiée de ce que vous voulez
émettre. En continuant de vous concentrer sur cette visualisation et sur l'émotion correspondante, faites appel à votre volonté
pour transmettre cette vibration du cristal à la situation, l'objet
ou l'être concerné. Sur votre expir, amplifiez votre transmission.
Pour accomplir ce travail, vous vous serez servi des plans
émotionnel (astral) et mental pour influer sur le plan physique.
Vous devez être capable d'exclure toute perturbation qui puisse
vous toucher si vous voulez créer et transmettre des émotions,

ceci afin de vous concentrer uniquement sur celles à partir desquelles vous voulez travailler. Vos aptitudes à maîtriser les vôtres doivent être affermies si vous voulez parvenir à l'accomplissement de cette tâche. L'exercice qui suit va vous permettre de contrôler émotions, pensées et désirs.

A. RELACHER LES PENSEES ET LES DESIRS

Asseyez-vous sur une chaise, pieds posés à plat sur le sol ou, si cela vous est plus confortable, en tailleur ou sur les genoux. Soyez bien droit. Tenez devant vous, dans vos deux mains, un cristal de quartz, pointe tournée vers le haut (le tenir avec les deux mains équilibre les courants masculin-féminin dans votre corps).

Pour vous centrer, respirez plusieurs fois profondément par le nez. Dirigez votre concentration sur le cristal pour vous mettre en résonance avec lui. Voyez la pensée ou le désir que vous voudriez éliminer. Ressentez toute émotion qui puisse leur être liée, et gardez-la dans votre point de mire. Si une image quelconque vous apparaît qui semble être en rapport avec eux, gardez-la aussi. Lorsque pensée, désir et tout ce qui peut leur être associé sont fermement ancrés, inspirez par le nez puis exhalez avec force par la bouche, tout en voyant ces émotions et pensées indésirables partir dans le cristal avec votre souffle. Poursuivez l'exercice pendant onze minutes, ou jusqu'à ce qu'il ne vous vienne plus à l'esprit quoi que ce soit qui puisse leur être associé. Vous allez créer une vibration dans le cristal qui correspondra au désir ou à la pensée projetés; il se pourrait qu'alors votre cristal se ternisse.

Lorsque vous avez terminé, prenez-le dans la main droite et pointez-le vers le sol, que vous soyez à l'extérieur ou à l'intérieur. Servez-vous de votre volonté pour envoyer ce désir, cette pensée, du cristal dans la terre; si vous êtes à l'intérieur, voyez-le franchir le plancher ou les étages. Imaginez que les particules terrestres les enveloppent et les séparent, jusqu'à ce qu'ils soient totalement désintégrés et disséminés dans la terre. Voyez alors la planète calme, et en paix. Faites ceci pendant onze minutes, ou jusqu'à ce que vous sentiez qu'il est temps d'arrêter, ou encore jusqu'à ce que le cristal vous paraisse plus clair. Sa vibration, alors, sera revenue à son état premier, ou à un nouvel état intégrant le courant de paix que vous avez à présent à l'esprit. Si vous voulez, vous pouvez enfouir votre cristal dans la terre pendant le temps qui vous semblera convenir. Purifiez-le, ainsi que vos instruments si vous vous en êtes servi, la pièce où vous êtes et tout votre environnement, sans vous oublier. Mettez brièvement vos mains au sol et lavez-les.

Les états émotionnels sont une création mentale
(vous pouvez choisir votre réaction).

Le mental obéit à la volonté.
Qu'est-ce qui repose derrière la volonté ?
Où cela se tient-il ?

B. PROJETER ETATS EMOTIONNELS, VISUALISATIONS ET PENSEES AVEC LES CRISTAUX

Comment conjuguer volonté et cristal de quartz, et projeter en lui les vibrations créées par un état émotionnel, une visualisation ou une pensée ?

En premier lieu, formez autour de vous un triangle avec trois cristaux de force ou vibrations identiques, chacun d'eux figurant un angle. Asseyez-vous ou restez debout au centre de la figure géométrique ainsi constituée, bien droit, face au sommet. Vous allez envoyer vos projections au-delà de ce sommet. Sensibilisez vos mains. Ceci fait, prenez une pointe de cristal ou un cristal à terminaison simple dans chaque main. Les deux cristaux doivent être sensiblement de même taille et avoir la même puissance (vous pouvez les visualiser si vous n'en avez pas). Fermez vos yeux et commencez à vous concentrer.

Pour vous centrer davantage, respirez plusieurs fois profondément par le nez. Focalisez-vous sur votre centre du Coeur, au milieu de votre poitrine. En inspirant, emplissez votre coeur d'amour; en expirant, exhalez tout ce qui n'est pas amour. Poursuivez, jusqu'à ce que vous sentiez que vous êtes totalement empli de ce sentiment. Ceci va activer votre centre du Coeur. Etendez ensuite vos bras sur le côté, parallèlement au sol et tenez vos mains sensibilisées, paumes face au ciel, avec le cristal pointé vers votre corps.

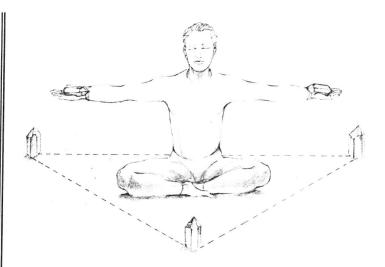

En inspirant par le nez, sentez venir à vous les courants d'énergie par vos doigts; imaginez que les cristaux les amplifient davantage. Faites passer cette énergie par vos bras vers votre Coeur, et mêlez-la aux puissantes vibrations d'amour qui déjà étaient en place. Transettez-les ensuite à tout votre corps, jusqu'à ce qu'il en soit totalement empli. Que vos respirations soient longues et profondes, inhalées par le nez. Lorsque vous vous sentez totalement imprégné de ces vibrations, focalisez-vous sur l'émotion, la pensée et/ou la visualisation que vous désirez projeter, très clairement. Voyez en, sentez-en le moindre détail. Emplissez votre corps de cette vibration chargée; continuez, jusqu'à ce qu'aucune pensée, émotion ou expérience autres ne subsistent en vous. Lorsque vous avez atteint cet état, envoyez ces vibrations de votre Coeur jusqu'à votre Gorge, puis faites-les monter jusqu'au centre énergétique de votre Troisième Oeil, au milieu de votre front. Centrez-vous sur ce point, et tournez les cristaux pour diriger leur pointe vers l'extérieur de votre coeur et inverser ainsi le courant d'énergie. Tenez-les devant vous, les deux bras tendus ou le bras droit seulement tendu.

A présent, prenez une profonde inspiration par le nez et soufflez l'air avec force par la bouche. Sur chaque expir, transmettez les courants d'énergie par les bras, les mains, les cristaux. Avec eux, envoyez la pensée ou la visualisation vers la personne, l'être ou l'objet concernés, en vous focalisant sur votre Troisième Oeil. Chargez-le sans discontinuer avec l'énergie qui émane de votre Coeur. (Ceci n'est possible que si la Gorge n'est pas bloquée).

Emplissez votre destinataire de votre projection, jusqu'à ce que vous en sentiez votre corps libéré, que vous puissiez voir le résultat, ou que simplement vous sentiez qu'il est temps d'arrêter. Qu'utilisez-vous pour faire cette projection ? Votre volonté, votre intention. C'est comme si elles la renforçaient, la poussaient. Votre volonté sera plus forte si elle est soutenue par la foi, par la croyance absolue en ce que vous faites, au moment exact où vous le faites. Il vous est possible d'appuyer votre croyance sur ce que vous avez lu ou entendu; il est néanmoins beaucoup plus efficace de se fonder sur sa propre expérience. Lorsque vous avez terminé, restez assis

> un moment et centrez-vous, en vous emplissant
> doucement une nouvelle fois d'énergie. Ne laissez
> pas votre corps et ses systèmes épuisés, absorbez par
> les pieds l'énergie de la terre pour vous nourrir, ou
> prenez-la au soleil, par la couronne de votre tête.
> Enfin, purifiez vos instruments et la pièce où vous
> avez opéré, sans vous oublier.

N'utilisez cette technique que si nécessaire, ou au cas où vous sentiriez intérieurement que ceci vous a été demandé. Avant de transformer l'univers autour de vous, examinez bien votre action et ses effets. Est-elle vraiment appropriée ? Est-elle harmonieuse ? N'y a-t-il pas de bonnes raisons pour que la situation reste ce qu'elle est ? En y pensant, visualisez la situation à la fois par le Coeur et par le Troisième Oeil. Soyez conscient de ses conséquences totales sur tous les plans, pas seulement sur le plan physique. N'engendrez pas le chaos, ne soyez pas aveugles. Pour pouvoir considérer l'ensemble des plans, utilisez les techniques de développement indiqués dans ce livre. N'agissez que du point de vue de l'Esprit Supérieur et des plans plus élevés et plus subtils. Plus votre travail sera ainsi accordé aux plans supérieurs, plus vous pourrez agir comme un canal clair qui laisse s'écouler l'énergie sans obstacle. Vous devez fortifier votre volonté, ouvrir le centre de votre Troisième Oeil et les autres centres énergétiques pour que l'énergie puisse passer (voir, pour ceci, les chapitres suivants).

Veuillez n'utiliser vos cristaux, ne vous livrer à vos travaux que si vous vous sentez appelé à le faire. Sentez-vous comblé quoi que vous fassiez : si vous savez vous satisfaire de ne rien faire, vous ne serez pas enclin à travailler avec les cristaux quand ce n'est pas nécessaire. Ne faites rien pour vous donner en spectacle; ceci ne pourrait qu'immanquablement vous faire du mal et atteindre autrui également. C'est un piège qui vous décentrerait et vous empêcherait d'entendre votre guide intérieur. Décentré, vous ne pouvez ressentir aucune des joies, aucune des satisfactions que vous pouvez connaître en agissant simplement comme un canal par lequel le courant naturel de l'énergie peut faire son travail.

PARTIE II

LE CORPS DEVELOPPE

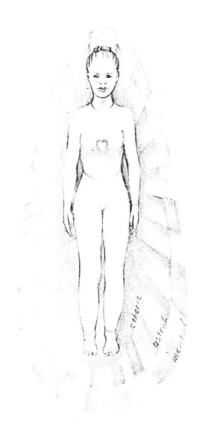

1. LES DIFFERENTS CORPS

Le corps humain est entouré de dix autres corps, chacun ayant sa propre essence, sa propre vibration. Comme vous allez le constater dans ce qui suit, quatre d'entre eux sont particulièrement concernés lorsque vous travaillez avec des cristaux : les corps physique, éthérique, astral et mental. On peut se les

figurer comme des couches superposées, bien qu'en réalité
chacun des corps soit contenu dans celui qui lui est immédiatement supérieur. Ils entourent le corps physique dans une forme
grossièrement ovoïde (voir l'illustration).

Chacun d'eux a une densité et un type vibrationnel qui lui
sont propres. A partir du noyau ou corps physique, leurs vibrations deviennent de plus en plus fines. Bien qu'ils soient tous de
densité différente, ils se correspondent et sont reliés les uns aux
autres. Pour cette raison, un changement produit dans l'un
d'entre eux affecte tous les autres. Comme nous l'avons expliqué
dans le premier chapitre, lorsque nous créons un changement à
un niveau subtil pour atteindre le corps physique, nous travaillons en fait avec les vibrations des corps éthérique, astral,
parfois mental et très occasionnellement causal. Ainsi que nous
allons le démontrer, on peut travailler soit sur un seul corps, soit
sur plusieurs à la fois.

Cet éclaircissement sur les différents corps et les plans
subtils ne sera cependant qu'un aperçu destiné à vous donner un
contexte intellectuel dans lequel vous puissiez travailler. N'utilisez pas cette compréhension intellectuelle de développement des
corps et des plans pour situer l'expérience véritable. Il n'est
même pas nécessaire d'en avoir connaissance, aussi longtemps
que l'on peut sentir les vibrations et être ainsi guidé. Faites votre
travail en utilisant simplement cette connaissance comme un

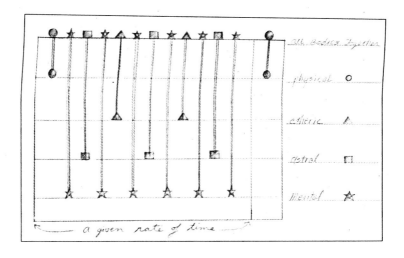

cadre qui vous permettra de vous ouvrir à de nouvelles possibilités d'expérience avec les cristaux.

De tous ces corps, le corps physique a le taux de vibration le plus lent; ce taux physique est représenté ci-dessus par les ronds (O).

Il représente le type de masse qui crée notre corps physique et ses sens dont nous sommes le plus conscient (il existe des corps plus denses que notre corps physique, mais ils ne relèvent en principe pas de notre travail et ne sont pas mentionés ici).

Le corps éthérique vibre plus rapidement que le corps physique mais pas aussi vite que le corps astral. Vibrer plus vite signifie être plus fin. Comme le taux de vibration est plus rapide et plus fin, davantage de vibrations vont se produire en un temps donné pour le même espace. Ceci est illustré dans le schéma ci-dessus par les triangles (△) représentant le corps éthérique.

Vient ensuite le corps astral, représenté par les carrés (□).

Remarquez comme le corps astral, grâce à la rapidité de ses vibrations, est contenu à la fois dans le corps éthérique et dans le corps physique (les formes carrées sont comprises entre les ronds et les triangles). Le corps astral s'étend au-delà du corps physique et légèrement au-delà du corps éthérique. De la même façon, le corps mental a des vibrations supérieures aux corps astral, éthérique et physique. Vous pouvez voir dans les schémas que sa vibration, figurée par des étoiles (*) s'insère entre tous les carrés, les triangles et les ronds grâce à son taux plus élevé dans un espace-temps donné que celui des autres.

(Il y a des corps supérieurs qui vibrent encore plus rapidement, que nous n'atteignons pas dans nos travaux avec les cristaux et que nous n'avons pas figurés dans le schéma).

Si vous regardez ce schéma, vous pouvez voir qu'en changeant l'un des taux de vibration, on affecte tous les autres puisqu'ils sont inclus les uns dans les autres. Une transformation qui se produit au niveau d'un corps touche les autres corps. Nous pouvons, par conséquent, dans notre travail avec les cristaux, oeuvrer sur un corps subtil pour atteindre le corps physique. Vous remarquerez que les termes « voyage astral » et « voyage hors du corps » peuvent être mal interprétés. Lorsque vous êtes dans ces états de conscience, les sensations que vous expérimentez ressemblent plutôt à celles du voyage ou du mouvement dans l'espace. Cependant, contrairement à la notion de « voyage », vous n'allez en réalité nulle part du fait que le plan astral est contenu dans le corps physique. Plutôt que de vous rendre en d'autres lieux, vous étendez votre conscience et votre focalisation et devenez conscient d'impressions différentes, celles du plan astral. Alors, comme pour les sens physiques, elles deviennent le contexte dans lequel vous évoluez. C'est la principale méthode utilisée pour travailler dans l'astral avec les cristaux. Les voyages astral et hors du corps impliquent que vous mainteniez votre conscience dans votre corps astral ou un autre de vos corps, et « voyagiez » en utilisant ce corps-là. Pour ceux qui ont accès à une conscience supérieure, il est possible de voyager dans une dimension astrale ou autre et de se déplacer en même temps à l'endroit qui lui correspond sur le plan physique. Cela se produit très rarement chez ceux qui travaillent avec les cristaux. Nous voyageons pour la plupart sur le plan astral avec notre corps astral puis retournons à notre corps physique, à l'endroit même d'où nous étions partis. C'est cependant un bon aperçu de ce que l'on peut faire que de connaître la relation réelle qui existe entre les divers plans et corps subtils et physiques.

A présent que vous avez vu quelle est la relation entre les differents corps et univers, voyons quelles sont leurs caractéristiques propres. D'abord, il faut se rappeler que tous les corps sont, en essence, des vibrations : chaque corps d'un plan particulier est un conglomérat des vibrations générales de ce plan, soutenu par une forme particulière de conscience (ceci est aussi vrai sur le plan physique). Cette forme de conscience est à considérer avec ses limites particulières, ses contours ou ses caractéristiques, qui la placent à part de tout ce qui l'entoure. C'est comme un sous-ensemble d'un ensemble. Cette forme de conscience rassemble aussi un corps autour d'elle dans un plan particulier, et a toutes les caractéristiques de ce plan parce qu'elle en provient. En d'autres termes, un corps est comme un « morceau » d'un monde. Pour pouvoir être un « morceau » d'un monde, il doit avoir la sensation d'en être séparé; le corps donc, ou l'individu, n'est pas conscient de tout ce qu'il partage avec l'univers, car il ne pourrait plus faire l'expérience de sa séparation. Cette dernière ne réduit pas les caractéristiques qui lui sont communes avec le plan correspondant, mais exclut seulement leur usage parce que nous ne sommes pas focalisé sur ce qu'elles sont. C'est la raison pour laquelle vous n'avez généralement pas immédiatement conscience de toutes les caracatéristiques des plans subtils qui sont en vous, et devez d'abord laisser tomber quelques idées bien enracinées de ce qui est « réel » ou ne l'est pas.

Nous vous avons expliqué ceci pour plusieurs raisons. D'abord parce qu'examiner et envisager tout ce que nous venons de dire va élargir votre conscience. Vous allez commencer à vous ouvrir à d'autres plans que le plan physique. Ceci ne vous sera pas seulement utile pour la compréhension générale, mais aussi vous donnera davantage d'idées pour utiliser vos cristaux, et pour procéder à tous vos travaux métaphysiques ou de guérison. En outre, lors de ces travaux, en méditant ou en recourant à d'autres pratiques, vous allez faire des expériences hors du corps qui, ainsi, ne vous effraieront pas. Dans les paragraphes suivants, les caractéristiques de chacun des plans seront analysées. Les descriptions concerneront principalement le plan lui-même : comme nous l'avons déjà expliqué, rappelez-vous que la description du plan physique s'étend au corps qui lui correspond. Nous aborderons aussi toute autre caractéristique importante qui soit spécifique au corps. Lorsque vous gardez cette conscience et agissez avec elle sans effort et sans discontinuer, vous êtes capable de travailler à la perfection avec les cristaux de quartz... ou avec n'importe quoi.

En fin de compte, vous n'êtes que la conscience elle-même.
Lorsque vous y demeurez et agissez en elle, sans effort et sans discontinuer, vous êtes capable de travailler à la perfection avec des cristaux... ou n'importe quoi.

---

2. LE CORPS ETHERIQUE

Le corps éthérique, que l'on confond aisément avec le corps astral, se projette à environ 1/2 centimètre de la peau. Son aura peut se projeter de plusieurs centimètres au-delà, pas plus de trente en principe. Cependant, avec certains exercices, une vitalité accrue et/ou en plaçant des cristaux sur le corps physique, l'aura peut s'étendre du double, voire davantage. Le corps éthérique est un double parfait du corps physique. Sa conscience n'est pas séparée de celle du corps physique; il est cependant totalement nécessaire à sa vie. Ce corps éthérique reçoit et distribue toutes les forces vitales qui émanent du soleil, et s'avère donc indispensable à la santé physique. Les forces vitales qui le concernent sont l'énergie kundalini et le prana ou force vitale (la kundalini et le prana ne sont pas l'exclusivité de l'éthérique et affectent tous les corps). Le corps éthérique fonctionne avec pratiquement toutes les forces physiques qui nous sont familières, c'est-à-dire l'énergie magnétique, la lumière, la chaleur, l'attraction et la répulsion chimiques et le mouvement. Par les chakras éthériques ou centres énergétiques, le prana ou vitalité, est recueilli, filtré et distribué dans le corps à travers les divers canaux ou voies énergétiques; il fournit l'énergie de contrôle qui fonctionne au moyen des centres nerveux. C'est lui qui conserve en vie les corps physique et éthérique. Le corps éthérique agit comme un pont à deux sens entre le physique et l'astral. Les chakras éthériques mettent la conscience physique en contact avec tout ce qui peut provenir du plan astral. Grâce à ce pont, vous demeurez conscient de vos rêves lorsque vous vous éveillez. C'est par ce pont également que sont transmises les informations recueillies par vos sens physiques, via le cerveau éthérique, à votre corps astral. La conscience de votre corps astral et de vos corps supérieurs fait son chemin de même vers votre cerveau physique et votre système nerveux. Quand vous commencez à étendre votre conscience en travaillant avec les cristaux — et c'est automatique —, ces systèmes subtils s'éveillent et prennent de l'expansion. Vous pouvez constater que vous travaillez intimement avec ce corps et ces systèmes lorsque vous utilisez vos cristaux de quartz.

Nous allons à présent aborder plus en profondeur l'énergie kundalini et le système des chakras. Nous vous indiquerons des exercices qui vous aideront à développer vos possibilités d'expérimenter ces systèmes énergétiques, et de travailler consciemment avec eux.Vos travaux s'en trouveront grandement améliorés, et de vastes horizons vont s'ouvrir à vous.

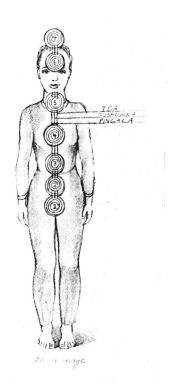

3. CHAKRAS, IDA ET PINGALA, SUSHUMNA

Il y a dans le corps éthérique, sept centres d'énergie qui ont leur contrepartie dans le corps astral. On les appelle « chakras », ce qui signifie « roue » ou « disque rotatif ». Ils semblent effectivement tourner rapidement en vortices d'énergie ou de matière subtile. Les chakras sont des lieux où l'énergie est transformée, absorbée, filtrée et distribuée sous forme de vitalité, dans le corps éthérique comme dans le corps physique. Lorsqu'ils sont stimulés et ouverts, ils transforment les fréquences énergétiques et amènent à la conscience physique les qualités inhérentes qui leur sont associées. Ceci se manifeste en différents comportements, différents états de santé, et différents niveaux de conscience. Il existe un canal central d'énergie qui remonte le long du corps subtil et relie entre eux tous les chakras, du premier au septième — nommé « Couronne » —, on l'appelle le Sushumna. Dans le corps physique, ce canal correspond grossièrement à la colonne vertébrale. Le canal féminin ou énergie lunaire, appelé L'Ida, de nature réceptive se trouve le long du côté gauche du Sushumna. A sa droite, se trouve le Pingala, canal masculin, de nature énergétique solaire. Notez que tous les corps possèdent des énergies masculines et féminines. Ceci fait référence au courant d'énergie naturellement circulaire qui à la fois reçoit et émet. N'y voyez pas d'allusion à votre propre féminité ou masculinité, qui sont attachées à certaines formes de comportement selon les grandes étiquettes sociales.

Dans le travail avec les cristaux, nous oeuvrons directement avec l'Ida, le Pingala, le Sushumna et les chakras. En les touchant, nous touchons immédiatement la totalité des corps physique, mental et émotionnel. La plupart des maladies et autres problèmes proviennent d'un blocage quelconque ou d'un déséquilibre des chakras, du courant énergétique masculin-féminin ou du cordon central d'énergie.

En vous éveillant davantage, vous pouvez voir ou sentir l'endroit où se trouve le déséquilibre et le remettre d'aplomb. En travaillant avec les chakras et en vous familiarisant avec leurs qualités, vous serez à même de les stimuler ou de les ouvrir avec vos cristaux, et de transmettre ces qualités dans le corps de la personnes avec qui vous travaillez (y compris vous-même). En général, nos centres supérieurs ne sont pas ouverts et les qualités qui leur sont directement associées nous demeurent inconnues. Pour remédier à cette situation, il vous faudra ouvrir les centres supérieurs à celui du Coeur. Utilisez ce dernier comme milieu, comme équilibre de la balance, et ouvrez-le en douceur, en vous appuyant toujours sur votre intuition ou sur votre voix intérieure pour savoir ce qui convient à quelqu'un. En ouvrant tous les chakras avec vos cristaux, il vous faudra aussi veiller à les maintenir en équilibre les uns par rapport aux autres. Sentez-vous responsable lorsque vous travaillez. N'essayez pas de diriger le courant énergétique dans les chakras avant d'être capable de le voir, de le sentir ou de l'éprouver. Vous devez savoir ce que vous faites. Utilisez votre expérience directe, ou vous risqueriez de vous déséquilibrer, vous ou autrui, et d'entraver plutôt que d'aider. Pour arriver à connaître chacun des centres, asseyez-vous tranquillement et concentrez-vous sur eux en méditant. Enregistrez mentalement toutes vos impressions, vos sentiments et autres informations reçues.

Voici à présent une description des sept centres, de leur emplacement et des attributs qui leur sont propres. Viennent ensuite des exercices qui vous permettront d'ouvrir chacun d'entre eux. Faites-en l'expérience sur vous-même, avant de vous en servir pour d'autres. Le prochain chapitre, sur la guérison, comporte davantage d'informations à propos du travail sur les divers chakras énergétiques.

4. DESCRIPTION DES CHAKRAS

Il exite de nombreuses descriptions du système des chakras, à la fois dans les anciens textes yogiques et tantriques et dans les écrits plus récents. Plutôt que vous encombrer avec la myriade d'informations dont vous pouvez de toute façon disposer, nous allons vous en proposer un exposé simplifié. (Voir le schéma).

Vous devez en faire l'expérience pour pouvoir vous en servir. Apprenez d'abord sa structure de base et utilisez ensuite vos cristaux pour méditer et travailler sur elle. Vous pourrez ainsi avoir une révélation intuitive de plus en plus grande du système complet. Une fois le système énergétique-éthérique en tête, vous aurez peut-être l'intuition d'y ajouter ou d'y changer quelque chose. Faites-le et vérifiez vos résultats. Soyez dans l'instant. N'insistez pas aveuglément pour que certaines voies ou certaines relations soient toujours vécues de la même façon.

Chaque personne — et bien entendu vous-même — a un état de santé et d'évolution psychique, physique, émotionnel et mental. En travaillant avec chacun, il vous faudra remarquer à chaque instant quelle partie du système d'énergie subtile semble prédominer, ou nécessiter un traitement. Si vous avez mémorisé un système élaboré que vous n'ayez pas expérimenté et dont vous n'êtes pas conscient, c'est le piège du dogme qui vous guette : vous serez incapable de faire un travail spontané et efficace. Le système que nous allons vous présenter est l'un de ceux auxquels la plupart des divers textes semble accorder tout son crédit, et sur lequel vous pourrez facilement travailler.

Le premier chakra se trouve au voisinage du bas de votre colonne dorsale. Les anciens le nommaient « Muladhara ». C'est ici que réside la kundalini, et l'on y fait parfois référence comme « siège de la kundalini ». Ce centre concerne principalement la survie de base. On lui associe la couleur rouge. La plupart du temps, on travaille sur ce point avec les cristaux parce que s'y trouve le foyer d'une maladie physique sépcifique demandant des soins, ou bien pour stimuler et faire monter l'énergie kundalini, ou encore pour relier quelqu'un à la terre. Normalement, les gens sont déjà très focalisés sur ce centre et n'ont besoin d'aucune stimulation en ce qui le concerne.

Le second chakra est appelé « Svadhistana » ou « centre sexuel », selon les textes. Il est approximativement situé au niveau des organes sexuels. On lui associe généralement la couleur orange. De lui dépendent les besoins sexuels et la création, à un niveau moins subtil que les autres centres. Comme le premier chakra, il est habituellement ouvert chez la plupart des gens. Il a besoin d'être directement stimulé dans les condi-tions suivantes : s'il s'y trouve une maladie physique, en cas de disfonctionnement ou de blocage sexuel, et pour aider la montée de la kundalini qui doit y passer pour atteindre le troisième centre.

Le troisième centre est le chakra ombilical, « Manipura » ou « Plexus Solaire ». Il est situé à environ cinq centimètres au-dessus de l'emplacement du nombril. Il concerne la vitalisa-tion des corps physique et éthérique. C'est ici que les soixante-douze mille nerfs subtils se rejoignent pour filtrer, transformer et distribuer l'énergie subtile dans tout le corps subtil. Le troi-sième chakra est le siège de la volonté, qui renforce et aide à se manifester les impressions provenant des centres supérieurs, et qui permet d'agir sur tous les plans. Si ce centre est ouvert mais n'est pas en équilibre avec les centres supérieurs, on est particulièrement touché par les problèmes de manifestation du pouvoir et du contrôle.

Le Plexus Solaire est une source d'énergie, celle du bien-être physique. Toutes les instabilités mentales ou les altérations du comportement reflètent un déséquilibre des trois centres inférieurs. Le chakra ombilical peut transformer ce dérèglement, s'il est ouvert et stimulé. Ce centre nous donne la possibilité de créer, de rompre avec les habitudes, de poursuivre une action avec détermination. S'il est faible, non fortifié, certaines manifestations physiques et psychologiques vont faire leur apparition. Sur le plan physique : le vieillissement prématuré, le manque de résistance nerveuse et, plus tard, la défaillance du cerveau ou d'autres organes et le cancer. Des symptômes psychologiques résultent également du blocage de ce centre qui, alors, ne peut transmettre les énergies au centre du Coeur. On trouvera dans ce cas une forme d'avidité à tous les niveaux de la personnalité. On ne fera, par exemple, preuve de compassion ou autres valeurs humaines que si elles peuvent assurer la reconnaissance, un accroissement de l'égo, etc.

On associe au troisième chakra la couleur jaune, parfois figuré comme un soleil. Soyez prudent lorsque vous stimulez ce centre en travaillant avec les cristaux. Ce chakra est ouvert à un certain degré chez la plupart des gens, mais il peut n'être pas équilibré avec les qualités d'un Coeur ouvert ou la vision d'un troisième oeil ouvert. Si vous l'ouvrez davantage, sans également travailler avec le Coeur et/ou le Troisième Oeil, vous pouvez placer les personnes sur qui vous avez travaillé en position d'avoir puissance et contrôle sur autrui et sur leur environnement. Ceci ne peut produire que malheur et mécontentement. Il est parfois suffisant de se contenter d'ouvrir les centres supérieurs pour obtenir la puissance de volonté nécessaire aux travaux métaphysiques, avec une atténuation du besoin psychologique de pouvoir sur autrui.

Le développement de ce centre permet de se mettre au diapason du plan astral. Il aide également à manifester sur le plan physique ce que l'on a pu voir sur les plans subtils. Les sons associés à ce centre sont « EUH » comme dans « beurre »; son mantra est « HARA » (voir l'exercice pour ouvrir le troisième chakra).

Le chakra suivant, le quatrième, est appelé « Anahata » ou « Centre du Coeur ». Il est situé au milieu de la poitrine, entre les deux seins. Sa couleur est le vert, encore que l'on utilise souvent le rose en travaillant avec les cristaux, qui est plutôt relié à l'aspect émotionnel du centre du Coeur, alors que le vert représente le chakra lui-même. Ici aussi, soyez prudent. Il est en analogie avec le son « O« comme dans « bonne ». On lui associe souvent le mantra « RAMA ». Dans son expression inférieure, il est le siège des émotions. Si quelqu'un connaît des émotions excessives, perturbantes, c'est sur ce centre qu'il convient de travailler. Si la personne est, par exemple, « noyée » de tristesse, on peut la masser à cet endroit avec une pierre rose, ou bien utiliser une pierre verte pour la fortifier. Il est nécessaire d'ouvrir en même temps son troisième oeil et de connecter ensemble les deux chakras pour l'aider à canaliser ce trop-plein d'énergie de tristesse vers le haut. Dans son expression supérieure, ce chakra est lié à la compassion et à l'amour. Lorsqu'il est activé, nous devenons conscient des émotions d'autrui, nous sommes en fusion avec tous les êtres et les comprenons instinctivement. Le chakra du Coeur est le point de centrage, d'équilibrage. C'est ici que se rejoignent les courants éthériques des énergies en provenance de la Terre et du Ciel que l'on utilise pour la guérison (voir l'illustration).

Le cinquième chakra est celui de la Gorge; son nom ancien est « Visuddha ». Dans le corps éthérique, il correspond au milieu de la gorge. On lui associe la couleur bleu clair ou ciel ou le turquoise. Le son qui lui correspond est le « HOU » comme dans « gourou ». Lorsqu'il est ouvert, on a la possibilité d'entendre ou d'être conscient des sons provenant des plans éthérique et astral. C'est ce que l'on appelle la « clairaudience ». On peut entendre la vérité des plans supérieurs et la faire communiquer avec le plan physique. Vous « entendez » alors ce que vous devez faire avec vos pierres. Lorsque vous parlez de cette « transmission », prenez garde à ne le faire que de façon adéquate. Ne parlez pas à quelqu'un qui n'est pas en mesure de partager votre point de vue. Cela demande souvent beaucoup de patience. Le chakra de la Gorge est l'intermédiaire entre le Coeur et la tête (le Troisième Oeil). La connexion est impérative pour qu'il puisse être équilibré. Les maux de tête ou les tensions de la mâchoire, des épaules et de la nuque sont souvent signes que la Gorge est bloquée. Dans votre travail, il vous faut unir compassion (Coeur) et sagesse (Troisième Oeil) et les communiquer.

Le sixième chakra est l'Ajna. On l'appelle aussi « Troisième Oeil ». Il se situe entre les deux sourcils, au milieu du front. C'est son développement, ou son ouverture, qui permet la clair-voyance. Lorsqu'il est ouvert, il mène à leur pleine expression nos pouvoirs intuitifs. Dans certains cas, vous pouvez voir des couleurs, des gens, des lieux extraordinaires. C'est le centre de la vision astrale. On discerne alors clairement les relations de cause à effet, tant pour ce qui concerne les gens que pour les événements. Vous développez le sens de l'ultime perfection de la vie, et voyez aussi la nécessité d'aider à changer ce qui ne semble pas parfait sur un autre niveau. Vous atteignez la sagesse.

Un Troisième Oeil ouvert vous met dans l'état mystique de Vision et de Savoir total. Cette magnifique expérience est in-descriptible et dépasse toute appréhension rationnelle. Alors vous savez naturellement ce que vous devez faire avec vos cristaux. Focalisez-vous sur ce que vous voulez entreprendre, et tous les mécanismes vous en seront révélés. Soyez prudent lorsque vous ouvrez le Troisième Oeil. Si vous stimulez trop l'énergie dans cette zone sans l'équilibrer avec les autres centres, vous risquez de créer des blocages énergétiques douloureux. Vous pourriez aussi être incapable d'intégrer la sagesse des autres centres. Ceci vous rendrait la vie quotidienne fort diffi-cile. Il peut arriver que vous ayez parfois à fermer légèrement ce centre lorsque vous travaillez, pour opérer davantage sur la Gorge et sur le Coeur. Comme toujours, dans le travail avec les cristaux, la clé est l'équilibrage.

La Couronne, ou chakra coronal, est situé au sommet du crâne chez la femme. Chez l'homme, elle se trouve un peu plus en avant. On la sent parfois flotter légèrement au-dessus de la tête. Son nom ancien est « Sahasrara ». On l'appelle parfois « le Centre aux mille pétales ». Sa couleur est le violet, bien qu'on le voit souvent baigné d'une lumière dorée lorsqu'on se concentre sur lui. On peut le visualiser comme un éclat de soleil au-dessus de la tête, qui semble s'étendre indéfiniment si l'on se focalise sur lui. Le son qui lui est associé est le « MMM » et lorsqu'on le prononce, on peut voir cette couronne s'élever au-dessus de la tête. L'autre son ou mantra qui lui correspond est : « AUM« , ou « OM ». Lorsque ce centre est ouvert, on devient Un avec l'univers. Ce n'est pas comme si vous quittiez votre corps, mais juste le sentiment de n'être qu'un, de n'être séparé de rien, de n'avoir à se séparer de rien, c'est l'extase, la douce extase. Aucun mot ne peut décrire cet état de conscience.

Le chakra coronal doit être ouvert pour les travaux de guérison, avec ou sans cristal. C'est le centre qui vous mène à la sagesse la plus haute, au savoir le plus grand. Cette connaissance est filtrée vers les autres centres lorsqu'elle commence à se manifester. Il faut aussi ouvrir ce chakra pour permettre aux énergies avec lesquelles vous travaillez de passer par votre tête, d'être filtrées vers les centres supérieurs et de se retrouver dans le centre du Coeur. Alors, elle peut se manifester partout, de toutes les façons possibles, par l'intermédiaire des différents chakras. Vous aurez aussi la plante des pieds ouverte, et ouvert le chakra inférieur qui vous connecte à la terre : ainsi les énergies pourront se rejoindre dans le centre du Coeur. (Ce courant d'énergie est analysé dans le chapitre sur la guérison).

Vous avez à présent un cercle continu, qui va de la terre au sommet de la tête, et du sommet de la tête à la terre. Ce courant à double sens est symbolisé par les doubles triangles, le sceau de Salomon et l'étoile juive. L'un d'entre eux tourne sa pointe vers le haut, l'autre la dirige vers le bas. Le Dorje est ainsi fait. L'énergie arrive par l'une de ses pointes et sort par l'autre, et inversement. Un cristal à double terminaison crée également ce courant d'énergie à double sens.

Le passage à double sens de l'énergie peut être établi lorsque le chakra coronal est ouvert. Chez les nouveaux-nés, il l'est particulièrement. (La fontanelle, sur leur tête, marque exactement l'emplacement de la Couronne).

Vous pouvez pratiquer une méditation pour expérimenter cette circulation à double sens de l'énergie. Elle vous aidera à canaliser toute information dont vous pourriez avoir besoin pour travailler avec vos cristaux de quartz. Pour faire cet exercice, vous pouvez vous servir d'un cristal à double terminaison ou d'un

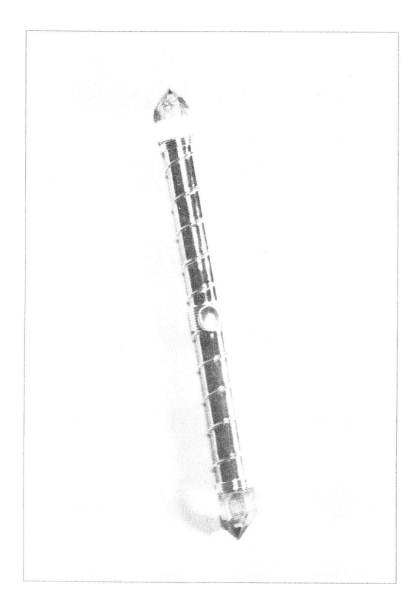

(Légende : Dorje de quartz pour le travail énergétique à double sens. Argent sterling et cuivre).

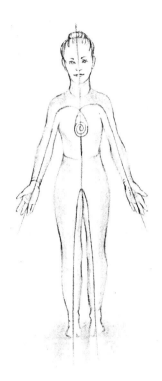

cristal dorje. Un dorje est une sorte de sceptre avec un cristal
à chaque bout pointant dans des directions opposées. C'est la
réplique du courant énergétique à double sens qui passe dans le
corps subtil. Encore mieux, vous pouvez utiliser un dorje avec
un cristal clair à un bout et un cristal fumé à l'autre. Celui qui
est clair correspond au chakra coronal, le fumé au chakra basal,
ou premier chakra. Tenez-le au niveau de votre coeur (voir le
schéma). Si vous n'avez pas de dorje, utilisez un cristal clair que
vous placerez au-dessus de votre tête, pointé vers l'extérieur et
un cristal fumé placé près de votre sacrum, pointe dirigée vers
le bas — sous vos pieds, pointe dans la terre. Ceci créera un dorje
à partir de votre corps (on y parvient mieux lorsqu'on s'allonge
sur le dos).

A. ETABLIR UN COURANT D'ENERGIE
A DOUBLE SENS

Asseyez-vous, restez debout ou étendez-vous sur le dos avec la colonne vertébrale bien droite. Centrez-vous, et reliez-vous à la terre. Inspirez et expirez longuement, profondément et concentrez-vous. Respirez par le nez.

Sur l'inspir, imaginez que vous aspirez le sol par le bas de votre colonne vertébrale, jusqu'à votre coeur. Laissez circuler cette énergie dans votre coeur, dans le sens des aiguilles d'une montre, deux-trois fois, puis envoyez-la vers le sommet de votre tête et exhalez. Faites ainsi pendant une minute au moins. Une dernière fois, inspirez à partir de la terre, passez par le coeur en laissant tourner l'énergie, exhalez par le sommet du crâne et sentez le courant poursuivre son chemin au-delà, sans s'arrêter.

Puis, de la même façon, inspirez par le sommet du crâne et faites descendre jusqu'au coeur. Laissez-y tourner l'énergie deux-trois fois dans le sens des aiguilles d'une montre, et expirez en envoyant votre exhalation dans la terre par le sacrum. Faites ainsi pendant une minute au moins, ou aussi longtemps que vous avez fait le premier mouvement respiratoire. Prenez alors une profonde inspiration par le nez et, du sommet du crâne, laissez-la circuler dans le coeur avant de la faire redescendre par votre sacrum pour aller directement dans le sol, sans s'arrêter. Imaginez-la qui s'enfonce sans fin dans la terre.

Respirez ensuite par le bas de votre colonne; faites remonter, circuler dans le coeur, et exhalez en faisant passer par la tête. Inversez le processus : respirez à partir de la tête, faites descendre, circuler dans le coeur, et exhalez par le premier chakra. Poursuivez en inversant chaque fois. Le dorje ou le cristal à double terminaison que vous tenez au niveau du coeur vous aide à rester équilibré. Faites à présent l'expérience de tourner le dorje dans le sens inverse, cristal fumé pointé vers le ciel, cristal clair pointé vers la terre. Ou bien mettez le cristal fumé sur votre tête et le cristal clair sous vos pieds ou au niveau de votre sacrum, pointé vers le sol. Continuez à respirer dans une direction, puis dans l'autre. C'est comme se tenir sur la tête ou faire le poirier : on inverse le flux des énergies. Cet exercice équilibre, guérit et énergétise.

Il existe quelques autres chakras et méridiens d'énergie dont nous n'avons pas encore discuté : certains nous serviront, d'autres pas, ou peu souvent. Le premier et plus évident est celui qui est situé sous la plante des pieds. Lorsque nous parlons de nous relier à la terre à partir des pieds ou de s'attacher à la terre ou encore d'énergies en provenance du sol, c'est toujours de ce méridien qu'il s'agit. Imaginez un endroit, une ouverture juste au milieu de la plante de vos pieds. C'est ici que se trouve le point-méridien.

Il y a un autre chakra au milieu de la paume des mains. Dans les textes anciens, on le voit parfois figuré par un oeil au milieu de la main. Nous canalisons l'énergie de tous les autres chakras à travers la paume de nos mains. L'énergie de guérison passe aussi par ces méridiens. Il y a davantage de points-chakras que ceux que nous avons mentionnés, et il est bon d'en avoir connaissance. Mais nous n'avons pas besoin de nous en servir à un niveau conscient lorsque nous travaillons avec des cristaux. Il existe un chakra ou vortex d'énergie à environ deux mètres en-dessous de nous, dans la terre. Il en existe d'autres au-dessus du chakra coronal : les huitième, neuvième et dixième chakras. Si vous voulez vous familiariser avec ces chakras supérieurs, ouvrez d'abord la Couronne et concentrez-vous plus haut, à un, puis à deux mètres au-dessus, puis focalisez-vous plus haut encore : des informations ou des sensations sur leur nature vous parviendront. Il n'est pas nécessaire de solliciter ces chakras supérieurs lorsque l'on travaille avec les cristaux. Nous pouvons faire tout ce que nous voulons avec le simple système des sept chakras.

Il est un point important à considérer lorsqu'on opère avec les chakras inférieurs. La plupart des gens sont, comme nous l'avons dit, plus ou moins ouverts à ce niveau. Quelques personnes, cependant, ont ces centres complètement bloqués; c'est souvent le cas lorsque l'on considère ces trois chakras inférieurs comme « mauvais », « non-spirituels ». On essaie alors de les ignorer, on les ferme consciemment, en essayant de vivre uniquement au niveau des chakras supérieurs. Souvent une telle personne n'a pas les pieds sur terre, vit dans les nuages, et émet sur les termes « inférieur » et « supérieur » un jugement moral erroné. « Supérieur » ne veut pas dire meilleur, et « inférieur » ne signifie pas mauvais ou pire. Ces termes font seulement référence à la position relative de chacun des centres d'énergie. Vos chakras inférieurs vous permettent de rester connecté à la vie de tous les jours; vous ne pouvez manifester ce que vous voyez et apprenez des plans supérieurs si vous ne pouvez le vivre au quotidien.

Quand vous travaillez avec d'autres personnes, vous devez savoir quel est leur but. Si des individus veulent devenir plus spirituels ou veulent apprendre à faire des travaux métaphysiques par exemple, il faudra généralement que vous les aidiez à détourner quelque peu leur attention de leurs chakras inférieurs et à se focaliser davantage sur l'ouverture de leurs centres supérieurs. Il existe aussi un véritable chemin spirituel qui consiste à diriger l'énergie sexuelle vers les centres supérieurs pour faire s'élever la kundalini. Ceci tend souvent à fermer les centres inférieurs. Si c'est la voie qu'a choisie la personne avec qui vous travaillez, n'interférez pas en ouvrant les centres inférieurs. Il faut néanmoins que ceux-ci restent ouverts jusqu'à un certain point pour que tous les centres puissent être équilibrés les uns par rapport aux autres.

Répétons-le : que vous travailliez sur vous-même ou sur autrui, soyez conscient, et oeuvrez avec beaucoup de discrimination. Chaque personne, chaque situation sont uniques. (La cassette « Crystals, chakras, colours and sounds » pourra vous aider dans votre travail sur les chakras et les canaux d'énergie subtile en vous permettant d'utiliser les sons et la visualisation).

B. EQUILIBRER DANS LE CORPS
LES ENERGIES MASCULINE-FEMININE
ET OUVRIR LE CENTRE DU COEUR

L'énergie féminine, lunaire, réceptive descend par le canal Ida, à gauche du Sushumna. L'énergie masculine, solaire, émettrice, monte par le canal Pingala, à droite du Sushumna. Elles ne sont pas physiques puisqu'elles existent au niveau du corps subtil. Les courants d'énergie Ida et Pingala doivent être équilibrés pour que vous puissiez recevoir et émettre de l'énergie par votre corps lorsque vous travaillez avec vos cristaux.

L'exercice suivant équilibre ces énergies masculine-féminine et leur permet de circuler librement. Il ouvre également le centre du Coeur. Le son « RA » prononcé « Rah » fait référence à l'énergie masculine solaire. Le son « MA » prononcé comme dans « Maman » représente l'énergie féminine lunaire. Le son de base « AH », que l'on retrouve dans chacun des deux, stimule le centre du Coeur.

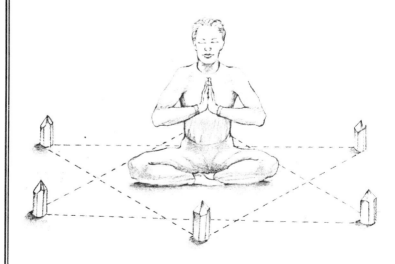

Asseyez-vous bien droit, sur une chaise, pieds posés à plat sur le sol, ou par terre, en tailleur ou à genoux. Gardez bien droite votre colonne vertébrale. Tenez vos mains à plat l'une contre l'autre, doigts tendus comme si vous étiez en train de dire votre prière. Pressez-les fermement contre votre coeur, tout en maintenant cette position qui équilibre les énergies Soleil-Lune. Fermez vos yeux, concentrez-vous sur votre centre du Coeur. Inspirez et expirez profondément par le nez, en emplissant et vidant complètement vos poumons. Sentez votre mental se calmer, et votre concentration augmenter sans effort. Lorsque vous vous êtes centré, inspirez et, en retenant votre souffle, chantez « RAH » pendant quatre secondes, puis « MA » pendant quatre secondes également. Expirez. Répétez ceci sur un rythme soutenu et continu. Choisissez une tonalité qui vous paraisse créer une sensation de bourdonnement au niveau de votre coeur. Chantez alors « RAH » et « MA » comme si le son entrait et sortait par le centre du Coeur. Respirez comme si vous le faisiez avec votre coeur. Assurez-vous de maintenir une pression continue et ferme avec vos mains.

Faites ainsi pendant trois minutes au moins. Lorsque vous en avez pris l'habitude, faites-le jusqu'à sept puis onze minutes. Vous pouvez aller jusqu'à une demi-heure et même une heure. Lorsque vous avez terminé l'exercice, restez assis transquillement quelques instants en respirant normalement. Pour que l'effet soit complet, faites ceci pendant trente jours. Si vous voulez amplifier les effets de cet exercice, entourez-vous d'une matrice de cristaux en forme d'étoile à six branches. Utilisez six cristaux de même taille que vous poserez à chaque pointe de l'étoile. Asseyez-vous en son centre. Portez un lien autour du cou qui maintiendra un cristal à l'emplacement de votre coeur. Si vous faites l'exercice pendant plusieurs jours, gardez ce collier continuellement, jour et nuit, en le purifiant lorsque c'est nécessaire.

C. OUVRIR LES CHAKRAS
(exercice à faire pour soi ou pour d'autres)

Il existe trois méthodes principales pour ouvrir les chakras. La première consiste à démarrer avec le premier chakra à la base de l'épine dorsale et à travailler systématiquement en montant jusqu'au chakra coronal. La seconde commence par le chakra du Coeur. Ceci va centrer la personne et conserver l'équilibre tout au long de l'exercice. Après le Coeur, ouvrir le Plexus Solaire pour rester correctement attaché au plan physique et, en même temps, mettre en place les connexions avec le plan astral. Ouvrir alors le Troisième Oeil pour équilibrer le centre du Coeur. Travailler ensuite avec la Gorge, puis le chakra coronal. Lorsque ces chakras supérieurs sont ouverts, travaillez sur le second et le premier. Cette méthode permet de garder en permanence l'équilibre entre les polarités de la Terre et du Ciel pendant toute la durée de l'exercice.

La troisième méthode consiste à ouvrir les quatre chakras du haut à partir du Coeur jusqu'au chakra coronal, puis de procéder à l'ouverture des chakras du bas, si nécessaire. Il est bon d'utiliser ces deux dernières méthodes si les centres inférieurs sont déjà bien ouverts ou stimulés. Si vous travaillez avec une personne dont les centres inférieurs sont bloqués, servez-vous de la première méthode.

Voici à présent des exercices qui vont vous permettre d'ouvrir les différents chakras.

• LE PLEXUS SOLAIRE

Asseyez-vous en vous tenant bien droit, soit en tailleur, soit sur une chaise en posant les pieds à plat sur le sol. Posez vos mains sur vos cuisses, près des genoux, votre pouce touchant le bout de votre index pour chaque main. Vous avez le choix pour ce qui est des yeux : vous pouvez les fermer et vous focaliser sur votre Troisième Oeil ou les fermer presque complètement en regardant le bout de votre nez. Lorsque vous vous êtes centré, prononcez à haute voix et sans discontinuer pendant au moins trois minutes (vous pourrez après porter la durée à sept, onze ou trente-et-une minutes) : le son « HARA », lèvres légèrement écartées; ne bougez pas vos lèvres lorsque vous émettez ce son, n'utilisez que votre langue. Naturellement, elle va toucher le palais lorsque vous prononcerez le « R » (le son « HARA » va légèrement changer si vous le prononcez « HA-REU » en roulant un peu le « R » comme si vous parliez espagnol). En disant le « HA », contractez le nombril vers votre épine dorsale comme si vous poussiez le son, relâchez sur le « RA ». Il faut le faire de façon continue et rythmée. Votre voix peut augmenter ou diminuer de volume si vous laissez le son vous transporter. Lorsque vous avez terminé, inspirez, retenez un peu et expirez. Reposez-vous quelques instants. Vous amplifierez l'exercice en mettant une citrine jaune ou un quartz clair sur votre Plexus Solaire (attachez-le avec une chaîne, un cordon ou une ceinture). S'ils ont une terminaison simple, faites-les pointer vers le haut. Vous pouvez également tenir dans chaque main un cristal clair de taille identique en gardant pouce et index joints.

• LE CENTRE DU COEUR

Serrez vos mains à plat l'une contre l'autre, de façon qu'elles se touchent totalement, du bas de la paume au bout des doigts, comme pour dire une prière. Pressez-les fermement, ainsi jointes, sur votre coeur. La position viendra automatiquement par la suite et vous n'aurez même plus à y penser. Assis bien droit et décontracté, calme et centré, sentez la pression de vos mains et concentrez-vous sur votre coeur. Cet exercice unit les énergies

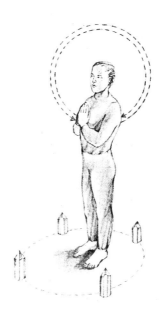

masculine-féminine, solaire-lunaire dans votre coeur et vous centre. Inspirez et expirez à partir de votre coeur, longuement, profondément. Chantez alors ces mots, en vous ou tout haut : « RAMA ». Sortez les notes du milieu de votre poitrine, là où vous avez placé vos mains. Vous pouvez faire ciculer le son « RA-MA » du devant de votre poitrine jusqu'à votre tête, en le faisant revenir par derrière, puis inverser les circuits en envoyant le son par derrière et en le ramenant devant. Souvenez-vous que le centre du Coeur est des deux côtés du corps, devant et derrière. Faites vibrer votre coeur avec ces sons. Vous pouvez choisir la tonalité qui vous convient le mieux. « RA » fait référence au Soleil, « MA » à la Lune et le son « A » est celui du centre du Coeur. Faites cet exercice pendant trois minutes (puis sept, onze ou trente-et-une minutes). Inspirez, expirez, relaxez-vous.

Si vous voulez utiliser des cristaux pour amplifier les résultats, entourez-vous d'une étoile à six branches faites de cristaux clairs ou de cristaux vert émeraude. Vous pouvez tenir un cristal dans vos mains, tout en maintenant leur position. Portez un collier de cristal sur le coeur. Mettez un cristal rose, vert ou transparent, juste au-dessus du coeur, là où vous avez placé vos mains.

• LE CHAKRA DE LA GORGE

Voici deux exercices destinés à ouvrir le chakra de la Gorge. Pour le premier, asseyez-vous décontracté mais droit, centrez-vous, fermez vos yeux et focalisez-vous sur votre gorge. Commencez ensuite à respirer longuement et profondément. Faites entrer et sortir l'air par le chakra pendant onze minutes. Lorsque vous avez terminé, restez assis quelques instants et reliez-vous à la terre.

Le second exercice peut être combiné avec le premier ou se pratiquer seul. Asseyez-vous bien droit, centrez-vous, fermez les yeux, maintenez votre concentration sur le centre de la Gorge, chantez le son « OU » comme dans « gourou », qui va faire vibrer votre gorge. Tenez le son aussi haut que vous pouvez le faire sans vous forcer, puis expirez avant de recommencer. Gardez un rythme continu.

• LE TROISIEME OEIL

Pour ouvrir votre Troisième Oeil, portez un bandeau avec un diamant de Erkheimer, une améthyste sur un triangle dont la pointe sera dirigée vers le haut. Assis bien droit, respirez par le troisième oeil comme pour l'avez fait avec le Coeur ou avec la gorge, en faisant vibrer ce centre avec votre souffle. Vous pouvez aussi chanter le son « EUH » en le faisant passer par le troisième oeil, tout en vous maintenant concentré sur cet endroit.

Voici à présent une méditation destinée à ouvrir le canal entre le Troisième Oeil et le Coeur. Asseyez-vous droit, les yeux clos. Centrez-vous. Respirez « par le Coeur » et exhalez l'air vers le haut, par votre troisième oeil. Faites ceci pendant trois minutes au moins, puis inspirez « par le Troisième Oeil » et expirez « par le Coeur » sur une durée égale à la première respiration. Tenez dans chaque main un cristal de couleur claire, améthyste ou doré léger, dont la terminaison sera simple ou double. Vous pouvez ouvrir les mains, comme dans cette position ancienne dite « Gyan mudra » où le pouce rejoint l'index, paumes face au ciel. Faites-les reposer sur vos cuisses au niveau des genoux (voir illustration L.1). Les deux cristaux doivent avoir le même équilibrage énergétique et une taille identique. Si vous le désirez, vous pouvez disposer autour de vous un cercle de cristaux, en en positionnant un sur chaque point cardinal.

• LE CHAKRA CORONAL

Asseyez-vous droit mais décontracté, comme dans l'exercice précédent, L2. Si vous êtes assis sur une chaise, posez les deux pieds à plat sur le sol. Laissez vos mains reposer sur vos genoux, paumes face au ciel, le pouce rejoignant l'index, un cristal de Erkheimer ou une améthyste posés dans chacune d'entre elles. Centrez-vous, fermez les yeux et commencez à respirer par le nez, longuement et profondément. Les yeux toujours fermés, focalisez-vous sur le chakra coronal, au sommet de votre tête. Commencez à faire vibrer ce centre avec votre respiration. En stimulant la Couronne avec votre souffle, visualisez une lumière brillante et dorée. Qu'elle vous entoure, à l'intérieur comme à l'extérieur. Imaginez, en regardant votre chakra, que la lumière s'étend indéfiniment. Poursuivez ce processus de respiration-visualisation pendant trois minutes au moins. A présent, tout en continuant de visualiser cette lumière dorée, chantez le son « AUM ». Voyez-le faire vibrer le sommet de votre crâne. Répétez toujours ce son « AUM » sur un rythme soutenu. Laissez-le vous guider pour déterminer la vitesse à laquelle vous le répéterez. Faites ainsi sur une durée équivalente à celle du premier processus, au minimum trois minutes. Vous pouvez mener chaque partie sur trois, sept, onze ou trente-et-une minutes.

5. L'ENERGIE KUNDALINI

Qu'est-ce que l'énergie kundalini, et comment en fait-on l'expérience ? On l'a décrite de maintes façons : comme la force de vie de l'univers, une conscience du Christ, le potentiel suprême de l'homme, comme Shakti — ou force créatrice féminine de l'univers —, et comme le nerf de l'âme. Ceux qui ont fait l'expérience d'une kundalini éveillée la trouvent en général tellement incroyable qu'ils ne peuvent trouver les mots pour la décrire totalement.

L'énergie kundalini commence souvent à s'éveiller lorsque l'on active chaque chakra en travaillant avec les cristaux. Au fur et à mesure que les chakras s'ouvrent, on peut utiliser les qualités qui leur sont propres. La kundalini peut être activée avec des cristaux de quartz et vous permettre de découvrir alors l'expansion de conscience qui en découle. Elle est, à l'origine, entourée trois fois et demie sur elle-même à la base de l'épine dorsale. Lorsqu'elle s'éveille, elle déroule sa spirale vers le haut, transperçant et activant chaque chakra, pour sortir par la Couronne, au sommet de la tête. On se sent alors comme béatement immergé dans un océan de conscience pure et dorée, qu'aucun terme ne saurait décrire. La montée de la kundalini se manifeste de nombreuses façons. En fait, bien qu'il y ait certains traits communs, l'expérience de chacun est unique et, de même, la durée que prend le phénomène pour se produire. On peut la ressentir comme une chaleur, un feu liquide, spécialement le long de la colonne vertébrale et au-dessus du sommet du crâne. Elle peut se manifester comme une pression ou une tension, particulièrement aux alentours des différents chakras. On peut se sentir étourdi ou secoué; ceci peut être momentanément fatigant pour le corps physique (c'est pourquoi il est nécessaire d'être en bonne santé). L'intuition grandit. Divers stades de consciences supérieures (et différentes) apparaissent et font irruption au niveau de la conscience « normale ». On peut parfois avoir l'impression de devenir fou, surtout si personne n'est là pour nous guider. Avec le temps, néanmoins, on apprend à l'intégrer dans sa vie quotidienne.

Avec la montée de la kundalini, différents pouvoirs tendent à se développer. Ils peuvent vous être utiles lorsque vous travaillez avec les cristaux, encore qu'habituellement, vous n'ayez à en parler ou à en faire usage que sur l'injonction de votre voix intérieure. Utilisez-les sagement. Ce sont la clairvoyance, la clairaudience, les aptitudes à la guérison psychique, la projection astrale, l'immunité physique, l'aptitude à communiquer la Vérité, la capacité d'envoyer de l'énergie kundalini à autrui, et autres pouvoirs, apparemment miraculeux. Ceux dont la kundalini est éveillée ne font pas nécessairement l'expérience de tous ces pouvoirs mais en connaissent seulement un ou deux, ceci parce que la kundalini vitalise certains centres plus fortement que d'autres, pour vous conduire à aider autrui de la façon qui vous soit la plus appropriée.

La meilleure preuve que votre kundalini s'éveille est que ce phénomène s'accompagne d'une irrésistible envie, d'un besoin surpuissant de venir en aide à autrui. Le fait même que vous ayez envie de travailler avec les cristaux est déjà signe que votre kundalini commence à s'éveiller. Le but de l'éveil de la kundalini, toutefois, n'est pas d'accumuler des pouvoirs, aussi utiles puissent-ils être. Cet éveil sert surtout à pouvoir se mettre dans des états supérieurs de conscience. L'apparition des pouvoirs n'est que le signe d'une conscience qui s'élève et d'un éveil de la kundalini. Ce serait une erreur de ne considérer qu'eux en oubliant le véritable but, qui est de développer le plus possible son Soi intérieur. Vous vous égareriez. Les pouvoirs et aptitudes métaphysiques ne sont pas le sentier, ils ne sont que les signes rencontrés sur le sentier. Traitez-les avec légèreté, sagesse et joie.

Comment vous préparer à éveiller cette force de la kundalini ? Votre corps physique doit être en bonne santé, vos systèmes nerveux et glandulaire doivent être solides. Vous devez avoir suffisamment travaillé pour être capable de fixer fermement votre conscience sur votre Moi Supérieur, et naturellement être porté à aider autrui. Il vous faut avoir développé votre volonté, pour pouvoir guider cette énergie et rester focalisé sur vos centres supérieurs. Encore une fois, répétons que le simple fait que vous ayez décidé de travailler avec les cristaux prouve que vous portez quelque intérêt à votre Moi Supérieur. Votre énergie montera automatiquement lorsque vous serez prêt. Soyez patient.

Que peut-il arriver si l'on force la kundalini à s'éveiller prématurément, sans être guidé convenablement et sans préparation ? Certains effets sont purement physiques : son déplacement, s'il n'est pas contrôlé, peut provoquer une douleur intense, voire une blessure physique lorsqu'elle force son chemin, et des blocages physiques, émotionnels ou mentaux. L'éveil de la kundalini intensifie tout ce qui vous est naturel. Il peut par conséquent, s'il est provoqué prématurément, amplifier les défauts tels l'avidité ou l'orgueil, au lieu des qualités supérieures que vous visiez. Tous mes avertissements ne sont pas destinés à vous effrayer ou à vous défier de l'éveil de la kundalini; s'il arrive en son temps, les résultats sont merveilleux, au-delà de toute description. Nous tenons seulement à vous dire qu'il vaut mieux vous apprêter et suivre l'évolution naturelle des choses pour être sûr que vos buts se réalisent.

Vos travaux avec les cristaux de quartz vont vous préparer et encourager ce processus; si vous n'êtes pas spécialement focalisé sur la montée de la kundalini mais sur le travail que vous êtes en train de faire, le phénomène se produira naturellement et sans violence. Vous développerez automatiquement votre Moi Supérieur, parce que si vous faisiez avec vos pierres quoi que ce soit de mauvais ou de nuisible, cela se retournerait immanquablement contre vous. Vous serez également automatiquement en résonance avec votre voix intérieure en travaillant avec les cristaux. Vos actions seront strictement en accord avec elle, simplement parce que vous en éprouverez une satisfaction telle que ceci deviendra un art de vivre. Cet accord naturel aidera à guider tout éveil de la kundalini, de sorte qu'il devienne source de grandissement et d'expansion, au lieu de faire mal ou peur.

A. STIMULER TOUS LES CHAKRAS ET SE PREPARER A L'EVEIL DE LA KUNDALINI.

1) Asseyez-vous, jambes croisées, dans la position du lotus ou du demi-lotus, dos et tête droits. Attrapez vos chevilles avec les deux mains. Inspirez profondément en cambrant la colonne vertébrale et en relevant la poitrine (1A). Expirez en arrondissant le dos (1B). Maintenez votre tête droite : elle ne doit pas balloter. N'accompagnez pas le mouvement avec vos hanches. Répétez vingt-six fois, au rythme d'une respiration complète chaque seconde, ou à peu près. Sentez votre environnement, à l'intérieur comme à l'extérieur. Détendez-vous.

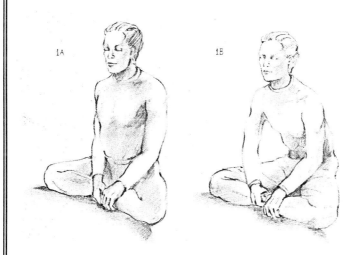

2) Mettez-vous ensuite à genoux. Placez vos mains à plat sur les cuisses. Cambrez la colonne vertébrale en inspirant (2A), courbez le dos en expirant (2B). Pensez « SAT » sur l'inspir, « NAM » sur l'expir ou bien « RA » sur le premier et « MA »

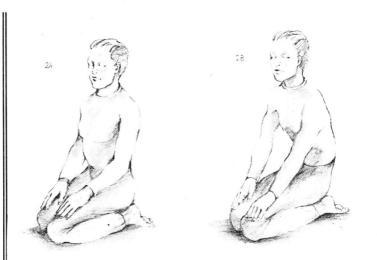

sur le second. Répétez vingt-six fois, sur le même rythme que l'exercice précédent. Reposez-vous environ trente secondes.

3) Assis en tailleur, prenez vos épaules avec vos mains, doigts devant, pouce derrière. Inspirez, en vous tournant vers la gauche, expirez, en vous tournant vers la droite. Les respirations seront longues et profondes, sur le même rythme que les

exercices précédents. Répétez treize fois, et expirez en soufflant devant vous. Restez tranquillement assis pendant quinze à trente secondes.

4) Ensuite, agrippez vos mains l'une l'autre (4A), placez le dos de la main gauche contre le centre du Coeur, pouce en bas, la paume de la main droite faisant face à la poitrine et amenez tous vos doigts l'un contre l'autre pour les plier ensuite, de telle sorte que les deux mains forment un seul poing. Tenez-les ainsi devant votre coeur pendant quatre secondes (4B). Tirez-les alors légèrement, comme si vous vouliez essayer de les séparer. Vous allez sentir un tiraillement à travers votre poitrine. Montez le coude gauche à hauteur de l'oreille gauche en inspirant par le nez; ramenez-le en expirant, alors qu'en même temps vous levez le coude droit jusqu'à l'oreille droite (4C). Gardez toujours vos mains

centrées sur le coeur. Faites l'exercice sur le même ryhtme que les précédents, treize fois, puis inspirez. Expirez, en tirant rapidement sur l'anus, les organes sexuels et le nombril. Détendez-vous quinze à trente secondes.

5) Assis en tailleur, agrippez fermement vos genoux et, en gardant les coudes raides, penchez le haut du dos; inspirez en avançant, expirez en revenant en arrière, comme vous l'avez fait dans le précédent exercice. Faites attention à ne pas plier les coudes, gardez la tête bien droite. Répétez vingt-six fois. Reposez-vous trente secondes.

6) Levez les deux épaules en inspirant, baissez-les en expirant; faites ainsi pendant deux minutes au moins. Inspirez, gardez quinze secondes les épaules levées. Relâchez les épaules. Gardez le rythme des exercices précédents.

7) Faites lentement des cercles avec le cou, cinq fois à droite puis cinq fois à gauche. Inspirez en tirant le cou.

8) Attachez vos doigts comme dans le quatrième exercice, levez-les à hauteur de la gorge. Comme

dans l'exercice 4 (8A), tirez doucement les mains. Inspirez et, en tenant votre inspir, tirez sur votre anus, vos organes sexuels et votre Plexus Solaire. Tenez aussi longtemps que vous pouvez le faire sans vous forcer. Vous formerez ainsi un verrou qui empêchera de s'échapper par le bas de la colonne l'énergie que vous êtes en train de générer. Elle remontera de ce fait. On appelle ce mouvement « verrouillage de la base de la colonne vertébrale ». Expirez, et recommencez à faire ce mouvement de verrouillage aussi longtemps que vous pouvez tenir sans vous forcer. Levez alors vos mains, toujours liées, au-dessus de votre tête. Faites le même processus de respiration : inspirez, bloquez en tirant légèrement sur les mains, expirez et rebloquez. Répétez tout le cycle deux fois encore.

9) Mettez-vous à genoux, bras joints au-dessus de la tête (9A). Croisez vos doigts, sauf les deux index que vous alllez pointer vers le haut (9B). Dites « SAT » ou « HA » et rentrez le nombril, puis « NAM » ou « MA » en le relachant. Poursuivez pendant trois minutes au moins. Inspirez alors et expulsez l'énergie de la base de la colonne vers le haut du crâne en verrouillant la racine.

10) Détendez-vous complètement sur le dos pendant quinze minutes.

Cette série d'exercices fonctionne systématiquement en partant de la base de la colonne pour remonter vers le haut. Chacune des vingt-six vertèbres reçoit une stimulation, et tous les chakras une poussée d'énergie. Chaque exercice stipulant vingt-six répétitions peut être fait cinquante-deux ou cent-huit fois, si vous en avez la force. Il faut alors prolonger les périodes de repos de une à dix minutes.

1) Pour chaque exercice, vous pouvez répéter intérieurement les mots « SAT » ou « RA » (énergie solaire) en inspirant, et « NAM » ou « MA » (énergie lunaire) en expirant.

2) Entre les exercices, maintenez l'état de conscience dans lequel vous vous trouvez. Ne vous déconcentrez pas. Ces exercices sont présentés dans un ordre particulier qui permet au processus de se produire. Dans ce processus, chaque exercice et l'état de conscience qui en résulte sont bâtis sur le précédent, pour produire un certain état d'esprit, celui de la plus haute conscience. Cette conscience ne vous sera pas seulement utile dans vos travaux avec les cristaux; elle crée aussi le bonheur.

Comment ces exercices peuvent-ils la provoquer ? La combinaison des positions, des respirations et des sons (intérieurs) met en place des conditions qui vont vous permettre de venir à bout de n'importe quel blocage, ceci à partir des dispositions et de l'ouverture où vous vous trouvez au moment de l'exercice. Les transformations vont aussi se produire là où vous aurez maintenu votre focalisation.

3) Ces exercices vous aident à venir à bout des blocages parce qu'ils mettent votre corps en position d'établir des circuits énergétiques qui mettront votre esprit dans des états de conscience particuliers. Vous allez pouvoir dépasser tous ces blocages qui vous empêchent d'atteindre votre potentiel le plus élevé, et pourrez maintenir ce nouvel état de satisfaction et d'accomplissement intérieur.

6. LE CORPS ASTRAL
ET LE VOYAGE ASTRAL

Le corps astral est, en quelque sorte, contenu à l'intérieur du corps éthérique et s'étend en même temps au-delà. Plus il est développé, plus il poursuit son expansion au-delà du corps physique. Il a un taux de vibration plus élevé que celui des corps physique et éthérique, et inférieur à celui des corps mental et causal.

Le corps astral est le véhicule des sensations et des émotions. Dès que vous exprimez une émotion, vous vous servez de votre corps astral, que vous en soyez conscient ou pas. Chaque sentiment l'affecte immédiatement et s'y reflète. Chacune des pensées qui vous touche personnellement s'y porte également. Il ne répond pas seulement à ce qui provient de votre corps physique, mais aussi à ce qui vient de votre corps mental, consciemment et inconsciemment. Contrairement au corps éthérique, il peut être vécu consciemment et utilisé en dehors du corps physique. C'est ce qui se produit automatiquement lorsque vous dormez; néanmoins, vos aptitudes à séparer corps physique et corps astral dans le sommeil et à en faire usage comme si vous étiez éveillé dépendent de la conscience que vous en avez. Pour vivre consciemment votre corps astral, vous devez être à même de construire un pont entre lui et le corps physique, de les connecter. Ce pont éthérique vous permet d'agir au niveau de votre corps astral, et de rester conscient lorsque vous réintégrez votre corps physique. Vous pouvez ainsi vous souvenir de toutes vos expériences, de toutes les informations reçues et être capable de les communiquer et d'en faire usage dans le monde physique.

Lorsque vous avez établi le pont éthérique et que vous êtes apte à rester conscient de votre corps astral, il n'y a aucune différence entre le sommeil et les états de veille, la mort ou la vie. Vous vivez perpétuellement dans un courant continu de conscience.

Le plan astral, dont fait partie le corps astral, est un univers complet qui occupe le même espace que l'univers physique. Parce qu'il vibre à un taux beaucoup plus élevé que celui de l'univers physique, les sens « normaux » sont incapables de l'appréhen-

der, bien qu'objets et événements y soient formés par l'imagination et les pensées de ceux qui vivent dans l'univers physique.
Ce plan a une existence indépendante de celle du mental. Tout
y est régi selon les lois astrales, tout comme l'univers physique
l'est selon ses propres lois. Ses lumières, ses sons et ses couleurs
n'existent pas sur le plan physique. La perception sur ce plan
peut différer de la perception physique, et ceci est souvent source
d'une certaine confusion tant que n'a pas été assimiléé l'essence
de l'univers astral. Vous pouvez pressentir ce plan dès que vous
élevez les vibrations de votre corps et développez votre
conscience intérieure, intuitive. Néanmoins, pour vous trouver
réellement à ce niveau, vous devez assimiler la conscience de
votre corps astral, et pouvoir le dégager de votre corps physique.
Vous voyagez sur le plan astral avec votre corps astral.

En travaillant avec les cristaux, vous allez développer votre
sensibilité aux   émotions, donc au plan astral lui-même. Pour
oeuvrer sur ce plan, l'on peut se servir de sa sensibilité astrale
sans être obligé d'avoir recours à son corps astral. Pour ce faire,
il suffit d'ajouter des composantes émotionnelles à votre travail,
en choisissant les émotions appropriées qui stimuleront directement votre corps astral et, indirectement, toucheront aussi
votre corps physique. Comme nous l'avons déjà dit, tout changement dans l'astral affecte le physique, à cause de leur interrelation dynamique au niveau vibratoire. L'émotion est un outil
très facilement utilisable lorsque l'on travaille par projection de
pensée(s). En envoyant une visualisation ou une pensée, accom-
pagnez-les de l'émotion qui les expriment le mieux. Si, par
exemple, vous êtes en train de soigner, choisissez l'émotion qui
paraît être le mieux associée à la maladie, et servez-vous de votre
volonté pour la changer. En changeant l'état émotionnel sous-
jacent, vous pouvez guérir la maladie complètement ou, du
moins, aider la guérison à se produire.

Les techniques pour ce faire sont nombreuses, mais toutes
sont basées sur l'écoute de l'intuition ou de la connaissance
intérieure, qui vont permettre de saisir ce qu'est l'émotion. En
voyant dans votre corps comment elle se manifeste, vous pourrez
changer le sentiment qu'elle provoque par un autre — qui soit
plus approprié —, que vous allez ensuite diriger vers la personne

que vous soignez. Tout, en fait, est affaire de changer les vibrations (voir le paragraphe sur l'émotion pour une explication plus détaillée). Bien qu'un travail avec l'émotion puisse être tout à fait efficace, il peut l'être plus encore si l'on opère directement sur le plan astral avec son corps astral. Vous pouvez vous exercer à éveiller votre conscience sur le plan astral avec des techniques basées sur la contemplation des cristaux, ou un travail sur les rêves avec les cristaux.

Voici, donc, une technique de contemplation qui va vous permettre de faire passer votre conscience du plan physique au plan astral. On dit parfois « quitter son corps ». Dans cet exercice, vous allez être guidé à l'intérieur de votre corps astral et, étape par étape, vous apprendrez à pouvoir vous en servir. Il va vous conduire jusqu'à un guide, qui vous prendra en charge et vous apprendra ce qu'il faut savoir du plan astral lui-même. Chaque stade de ce processus va vous donner davantage d'expérience, et des informations qui vous permettront d'atteindre ce but et d'accomplir le travail astral que vous avez été convié à faire.

A. LA CONTEMPLATION DES CRISTAUX POUR DEVELOPPER LA CONSCIENCE ASTRALE

**(Lisez d'abord le chapitre
sur la contemplation des cristaux
et faites les exercices indiqués).**

* **Partie A**

1) Asseyez-vous bien droit, dans une position qui ne nécessite pas que vous ayez à porter votre attention sur votre corps, et ne puisse vous empêcher de rester dans un état de concentration profond. Fixez un cristal clair que vous aurez placé devant vous. Il doit mesurer au moins sept centimètres sur cinq, et être même plus gros si possible. On peut aussi se servir d'une boule de cristal. Il faut qu'il soit

très bien éclairé et vous pouvez, si vous le désirez, faire le noir dans la pièce. Si vous voulez amplifier les résultats de cet exercice, portez un cristal à l'emplacement de votre troisième oeil, tenez-en un dans chaque main et/ou entourez-vous d'un cercle de cristaux.

2) Fermez les yeux et centrez-vous.

3) Contemplez le cristal placé devant vous de façon détendue et concentrée. Trouvez une « entrée », ou quelque point qui puissent vous captiver. Regardez-le de plus près, en notant chaque détail, et laissez-vous attirer de plus en plus à l'intérieur du cristal. A un moment donné, vos yeux vont avoir tendance à naturellement vouloir se fermer. Laissez-les se fermer, et sentez-vous comme si vous étiez à l'intérieur du cristal.

4) Continuez à maintenir votre concentration, alors que vous vous trouvez à présent dans le cristal. En vous focalisant sur le sommet de votre tête, voyez-vous devenir lumineux. Soyez de plus en plus empli de lumière. En prenant conscience de cette luminosité, sentez-vous devenir de plus en plus léger, si léger que vous commencez à vous élever à l'intérieur du cristal.

5) Vous vous élevez vers le sommet du cristal et en sortez par la pointe.

6) Vous atteignez le haut de la pièce. Regardez en dessous de vous et voyez en bas votre corps, voyez cette corde lumineuse qui vous rattache à lui.

7) Regardez autour de vous les objets qui sont dans la pièce.

8) A présent, faites appel à votre volonté pour amorcer une descente vers le cristal. Lorsque vous arrivez au-dessus, réinsérez-vous lentement à travers la pointe jusqu'à ce que vous vous retrouviez à l'intérieur du cristal.

9) Installez-vous au fond du cristal et prenez conscience de l'espace qui vous entoure. Trouvez alors soit l'endroit par lequel vous êtes entré, soit un autre passage et sortez.

10) Voyez-vous de retour, là où vous étiez assis dans la pièce. Souvenez-vous de ce qui vous entourait. Sentez à présent la surface sur laquelle vous êtes assis. Prenez conscience de votre respiration, puis de votre corps entier.

11) Reliez-vous à la terre, purifiez les cristaux et la pièce, sans vous oublier.

• Partie B

Lorsque vous pouvez pratiquer l'exercice précédent facilement et avec succès, ajoutez-lui l'exercice suivant, que vous commencerez après la septième étape de la partie A.

1) Lorsque vous voyez votre corps reposer en-dessous de l'endroit où vous êtes, relié à votre corps astral par la corde éthérique,et que vous voyez les objets dans la pièce, essayez de faire sortir votre corps de cette pièce en faisant appel à votre volonté.

2) Apprenez à le mouvoir, d'un côté, de l'autre, en haut, en bas.

3) Roulez sur vous-même pour vous retrouver tête aux pieds.

4) Voyez comme votre corde éthérique s'allonge et mincit lorsque vous éloignez vos deux corps, et comme elle s'épaissit et se raccourcit lorsque vous les rapprochez.

5) Réintégrez votre corps physique, en utilisant la méthode décrite en partie A.

• Partie C

Lorsque vous parvenez sans problèmes à mouvoir votre corps dans la pièce, vous êtes prêt à aborder la prochaine étape. Ne l'abordez pas cependant tant que vous ne saurez pas, sans hésitations ou empêchements, faire usage de votre volonté pour vous sentir assez fort. S'il subsiste un doute ou la moindre crainte, continuez à pratiquer les parties A et B. Ne vous dépêchez pas. Il vaut mieux construire des bases très solides avant de se lancer. C'est comme lorsqu'on apprend à nager. Il faut d'abord s'habituer à l'eau, puis apprendre les mouvements dans une eau peu profonde. C'est seulement après avoir appris que l'on peut aborder les diverses nages en eau profonde. Qu'arriverait-il si vous vous jetiez directement à l'eau sans avoir pieds, sans savoir nager, juste parce que vous voulez avancer ? C'est la même chose pour apprendre à manoeuvrer dans l'astral. Ce grand univers, qui fonctionne avec ses propres lois et ses propres réalités, doit être compris. Lorsque vous vous sentez prêt, vous pouvez alors passer à l'étape suivante.

1) Après avoir suivi les étapes de la partie A pour quitter votre corps et avoir déplacé votre corps dans la pièce (partie B), partez de la pièce. En sortant, vous allez vous rendre compte que vous pouvez passer par la porte mais, aussi bien, traverser le mur. Ici aussi, c'est votre volonté qui vous fera agir. Vous saurez que les barrières de l'univers physique n'en sont pas dans le monde astral. Là, vous pouvez sauter par-dessus les montagnes et passer à travers n'importe quoi. Seules La force et la concentration de votre volonté déterminent ce qu'il est possible de faire.

2) A présent que vous êtes sortis de la pièce, quittez le bâtiment où vous vous trouvez et commencez à visiter le voisinage. Faites encore quelques expériences pour renforcer votre corps. Comment les gens et les objets vous apparaissent-ils ? Vous pouvez passer à travers quelqu'un sans même qu'il s'en aperçoive, à moins qu'il ne soit particulièrement

sensible. En fait, ce sont généralement les animaux qui sentiront votre présence bien avant que quiconque puisse le faire. (Souvenez-vous de ces plans contenus l'un dans l'autre).

3) Notez ce qui se passe autour de vous : les sons, les objets, les gens, les événements; remarquez-les en détail, et gardez-en la mémoire. Ayez la ferme intention et la ferme volonté de vous les rappeler lorsque vous serez de retour dans votre corps physique.

4) A présent, regardez ce fin filament de substance éthérique qui relie votre corps astral à votre corps physique. Regardez comme il est plus fin que lorsque vos deux corps étaient l'un près de l'autre. Vous restez en permanence relié à votre corps physique par cette corde.

• Partie D

1) Lorsque l'usage de votre pensée et de votre volonté vous est devenu totalement familier pour vos expériences de voyage hors du corps dans un voisinage immédiat, choisissez d'aller n'importe où sur la planète et allez-y. Quelle que soit la distance, vous y serez presque instantanément.

2) Apprenez à faire descendre à terre votre corps astral et promenez-vous dans cet endroit.

3) Ouvrez-vous, de façon à entendre et pénétrer pensées, sentiments, émotions des gens qui sont là. Observez, écoutez, explorez. Dans votre corps astral, avec vos sens astraux, vous serez particulièrement sensible à ce qui se passe autour de vous, aux niveaux subtils comme aux niveaux plus grossiers. Profitez de cette expérience pour apprendre.

4) Ensuite, faites appel à votre volonté pour vous transporter vers votre corps physique, qui repose au centre du cristal. Descendez jusqu'à la pointe et réintégrez votre corps. Terminez comme l'indique la partie A.

Lorsque vous vous sentez tout à fait familiarisé avec la partie D, vous êtes prêt à vous déplacer dans le plan astral. Il vaut beaucoup mieux alors que vous ayez d'abord un guide avec vous, qui vous fasse prendre connaissance de tous les aspects de ce monde. Les guides sont des êtres évolués, de ce plan et d'autres plans, qui sont spécialement là pour aider ceux qui arrivent après avoir quitté leur corps physique, une fois morts. Ils aideront quiconque est prêt. Si vous demandez à être guidé et ne rencontrez pas l'un de ces êtres, c'est que vous n'êtes pas prêt à vous déplacer et à travailler consciemment sur le plan astral dans votre corps astral. Dans ce cas, continuez à pratiquer l'exercice complet de la partie A à la partie D. Comprenez que le fait que vous n'êtes pas prêt n'implique pas un jugement à émettre à votre endroit. Si vous le preniez comme tel, cela ne pourrait que ralentir vos progrès. La structure de vos corps physique et mental/émotionnel doit être bien préparée avant que vous n'abordiez l'étape suivante. Peut-être les motivations qui vous poussent à vouloir travailler sur le plan astral doivent-elles être examinées et clarifiées. Ne proviennent-elles pas d'un désir égoïste ? Sont-elles bien une réponse à la Volonté Supérieure qui vous dirige ? Vous êtes-vous complètement offert au service et à l'amour, et à des buts plus élevés que vos désirs personnels ? Soyez honnêtes avec vous-même. L'honnêteté est le souffle de la purification qui permet votre développement. Soyez patient. Lorsqu'il sera temps, un guide vous apparaîtra.

Il y a d'autres choses qu'il est bon que vous sachiez avant de vous embarquer pour le voyage astral. Lorsque vous attendez qu'apparaisse l'un de ces maîtres-guides supérieurs pour vous conduire, de nombreux êtres inférieurs peuvent se présenter à vous et vous proposer leurs services, ou diverses informations.
N'imaginez pas que parce qu'un être n'a pas de corps physique et peut apparaître sur un autre plan, il est un être supérieur plus avancé que vous, plus conscient ou plus quoi que ce soit... Il n'y a rien de particulièrement plus conscient à n'avoir pas de corps physique. Souvenez-vous que toute personne qui meurt abandonne son corps physique. Un tel être arrive à vous par la force de votre désir et bien qu'il puisse vous offrir son aide de diverses façons, il n'a, en vérité, rien à vous offrir; il peut même se révéler destructeur. Rappelez-vous aussi que ces êtres

peuvent avoir gardé les trop humaines propensions à mentir, jouer des tours et essayer de faire impression, comme parfois le font certaines personnes dans le monde physique.

Il existe un autre type d'habitants du monde astral, qui n'est en fait qu'un corps astral dont l'occupant est déjà parti. Le corps est mort sur ce plan comme on peut l'être au plan physique. Rendu à lui-même, le corps va juste se désintégrer. Il arrive cependant que ces corps soient parfois maintenus en vie par les pensées de leurs propriétaires, ou par les pensées de ceux qui, dans le monde physique, s'imaginent qu'ils sont en contact avec un être. Ces pensées gardent mouvement et forme à ce corps, et lui donnent les apparences de la vie. Tout discours de tel corps n'est alors que le reflet de la conscience ou du subconscient de ceux qui, consciemment ou inconsciemment, lui donnent la force de leurs pensées. Par l'intensité de vos pensées ou de vos désirs, vous pouvez attirer à vous l'une de ces coquilles. Plus vous leur accordez d'existence en y croyant, plus elles sembleront parler.

Il existe encore de nombreux autres êtres sur ce plan, mais les deux catégories que nous venons de décrire sont celles que vous risquez d'attirer lorsque vous faites ce travail.

Comment allez-vous pouvoir distinguer un maître de bonne foi, sur qui vous pouvez compter pour vous guider sur ces plans supérieurs, et un être inférieur ? De la même façon que vous pouvez le faire sur le plan physique : écoutez votre intuition, votre voix intérieure. Cette voix est celle que vous entendez lorsque vous travaillez avec vos cristaux; elle apparaît comme un autre sens, à l'intérieur, spécialement localisé dans la zone du coeur. Comment se sent votre coeur ? Ce sentiment qui emplira votre coeur lorsque vous rencontrerez un maître ne peut vous tromper. C'est une exaltation qui peut vous conduire jusqu'aux larmes. Vous vous sentirez élevé, et serez vous-même bien davantage. Vous vous sentirez accepté au plus profond de votre coeur. Ceci est vrai des professeurs, maîtres et guides dans notre monde physique comme sur le plan astral. Nombreux sont ceux qui peuvent se réclamer du titre de maître. Ecoutez votre intuition, votre voix intérieure. Ne vous laissez pas disperser par vos émotions, vos pensées, vos désirs, votre impatience (cette information majeure est également applicable lorsque vous canalisez des informations d'êtres désincarnés en travaillant avec vos cristaux).Vous pouvez éviter maints problèmes et méprises en recevant simplement l'information telle qu'elle vous est révélée par votre sensibilité intérieure. Comme le disent nombre de textes anciens à ce propos, vous êtes la source de toute sagesse.

Vous n'êtes pas à la merci de n'importe quel être ou événement rencontré sur le plan astral, vous pouvez faire usage de votre volonté pour sortir de n'importe quelle situation ou pour éloigner un être. Restez calme, centrez-vous, soyez sûr de vous pour pouvoir voir les choses clairement et être en possession de tous vos moyens, notamment de toute votre volonté. Ne vous perdez pas dans la crainte ou le doute, cela vous affaiblirait. Que pouvez-vous faire si vous êtes la proie de vos craintes et de vos doutes ? Employez les mêmes techniques que sur le plan physique : commencez par des respirations longues et profondes, en vous focalisant sur votre coeur. Dites mentalement le son « RA » sur vos inspirs et le son « MA » sur vos expirs (tout autour de vous va s'arrêter et attendre). Ceci vous centre, vous aligne, vous équilibre. Alors vous pourrez prendre du recul et être à même de faire ce qu'il faut.

Suit maintenant une technique qui va vous permettre de rencontrer un maître-guide pour vos travaux sur le plan astral. Mettez-la en pratique une fois que vous serez tout à fait à l'aise pour voyager dans votre corps astral sur cette planète, avant d'aborder les voyages dans le monde astral proprement dit. Cet exercice commence à partir du paragraphe 3 de la partie A, alors que vous vous trouvez à l'intérieur du cristal.

Continuez à maintenir votre focalisation à l'intérieur du cristal, sentez comme vous devenez lumineux au fur et à mesure que vous vibrez à un taux de plus en plus élevé et atteignez celui du cristal. Voyez le cristal se remplir de lumière dorée alors qu'il accroît lui aussi le taux de ses vibrations. Sentez votre peau picoter. C'est comme si elle vibrait à la fois à l'extérieur et à l'intérieur. Alors que vos vibrations s'accélèrent et que vous êtes de plus en plus emplis de cette lumière dorée, percevez vos chakras ouverts au maximum, vous donnant toute leur énergie. Lorsque vous vous sentez complètement lumineux, restez assis au fond du cristal, même si vous avez tendance à vouloir vous élever vers le sommet. Concentrez-vous sur votre coeur et appelez à vous la présence d'un maître qui va vous guider sur le plan astral. Communiquez votre projet de vouloir travailler sur ce plan.

Alors que vous présentez votre requête avec ferveur, emplissez votre coeur de tout votre amour, et faites-en jaillir une lumière rose ou verte, comme si vous dérouliez un tapis de bienvenue. Voyez-le s'étendre au-delà des parois du cristal, de plus en plus loin, jusqu'à ce que vous ne puissiez plus en voir la fin. Attendez, ainsi ouvert, réceptif, jusqu'à ce que vous aperceviez au loin une silhouette qui avance vers vous sur votre tapis déroulé. Voyez-la poursuivre son chemin vers vous, et passer les parois du cristal pour finalement se retrouver à l'intérieur à vos côtés. Sentez comme vous êtes tous deux nimbés de cette lumière rose-vert qui émane de votre Coeur ouvert. Communiez avec l'être qui est près de vous. Présentez-vous, bien que vous soyez déjà connu car vos progrès ont été suivis et guidés depuis un bon moment déjà. Demandez à cet être qui il est. Posez-lui toutes les questions qui vous viennent à l'esprit. Redites-lui vos buts. Appuyez-vous sur vos intuitions et écoutez votre Coeur, puis restez tranquille, laissez-le parler ou vous guider. Peut-être va-t-il, dès cette première rencontre, vous emmener hors du cristal, vers le plan astral. Peut-être le fera-t-il plus tard. Ne vous inquiétez pas. Il ou elle va à présent guider chacun de vos pas sur le chemin, jusqu'à ce que vous soyez prêt à oeuvrer vous-même dans l'astral. (Plus tard, alors que vous-même voyagerez dans l'astral, il ou elle restera disponible pour répondre à toutes les questions que vous poserez ou pour vous guider encore si besoin est). Vous allez vous rendre compte qu'il existe des cristaux astraux et que vous pouvez vous en servir si vous le désirez.

On vous les offrira, ou ils peuvent juste vous apparaître. Servez-vous en comme vous le feriez sur le plan physique. Prenez la liberté de poser toute question sur leur utilisation à votre guide. Une fois que vous en aurez fait usage sur le plan astral, vous pouvez aussi les ramener sur le plan physique en vous reconnectant simplement avec eux. On les appelle « cristaux éthériques ». Visualisez-les et dirigez-les avec votre volonté. A un moment donné, votre guide va vous ramener à l'intérieur du cristal. Après avoir convenu de la meilleure façon de le contacter dans le futur, suivez les étapes 9, 10 et 11 de la partie A.

La création entière est contenue en vous.

7. REVES, PROJECTIONS ASTRALES ET CRISTAUX

Une autre méthode pour développer l'aptitude à voyager et travailler dans l'astral consiste à travailler avec les rêves. Vous pouvez là aussi utiliser vos cristaux. La possibilité de contrôler ses rêves peut les transformer en projections astrales. L'état de sommeil ne se contente pas de faire récupérer votre corps physique, il repose également votre corps astral.

Sur son propre plan, le corps astral est presque incapable de se fatiguer. Sur le plan physique cependant, il se fatigue vite de l'effort qu'il accomplit dans son interaction avec le corps physique. Pour que les deux corps puissent prendre quelque repos, ils se séparent pendant que nous dormons. A moins d'être utilisé consciemment, votre corps astral se contente de flotter au-dessus de votre corps physique. Seul dort ce dernier. Vous vous servez donc de votre corps astral, que vous en soyez conscient ou pas. Avec un petit peu plus de conscience, votre corps astral peut s'éloigner davantage et flotter dans les courants astraux, rencontrer d'autres corps et faire des expériences, agréables ou pas.

Parce que vous n'êtes pas capable de relier consciemment vos deux corps sans interruption, vous allez vous souvenir de petits bouts, de passages ou seulement de vagues impressions de ce qui s'est réellement passé dans votre corps astral; vous pouvez aussi continuer à penser, et vous êtes tellement pris par ces pensées qu'elles empêchent toute communication avec ce qui vous entoure. Les impressions que vous rapportez lorsque vous vous éveillez sont d'abord ou exclusivement celles de vos propres pensées. Si vous êtes plus conscient de votre corps astral, vous pouvez vous diriger librement, rencontrer d'autres personnes elles aussi conscientes de leur corps astral et échanger avec elles des idées. Ceci concerne les amis comme les professeurs et les guides.

Vous pouvez apprendre et expérimenter des choses que votre corps physique ne peut connaître. On s'en souvient comme de vagues bribes d'intuition, à moins que l'on ne sache demeurer conscient lorsque l'on passe, au réveil, de l'astral au physique. Il y a d'habitude une période de nuit, d'oubli, une période d'absence au moment où la conscience glisse du corps astral au corps physique. Alors se perdent les mémoires de vos expériences et ne restent que de vagues et confuses impressions, car vous n'avez rien pu ramener à votre cerveau physique. Pour pouvoir le faire, il faut être capable de demeurer totalement conscient lorsque vous réintégrez votre corps physique. Il faut avoir développé suffisamment votre corps astral, et ouvert vos chakras pour qu'ils puissent tous laisser passer les forces astrales. Vous devez avoir élevé le taux de vibration de votre corps.

Tout ceci se produira automatiquement, en même temps que le développement de votre sensibilité qui accompagne vos travaux avec les cristaux. La préparation pour obtenir un travail efficace est la même que celle qui vise au développement de ce pont entre physique et astral, ou au travail conscient sur le plan astral. Quelle est la préparation ? Il faut que votre système nerveux soit fortifié, purifié, pour pouvoir supporter l'accroissement des énergies qui vont traverser votre corps. Vos chakras doivent être ouverts, et leurs énergies vous être disponibles. Votre mental doit être capable de calme, de concentration, et il doit pouvoir influencer consciemment la matière. Vous devez savoir contrôler vos émotions, de façon à pouvoir vous maîtriser sur le plan astral (c'est le plan de l'émotion).

Vous voyez par conséquent que si vous avez fait les exercices mentionnés dans ce livre qui doivent vous aider à vous développer suffisamment pour travailler avec les cristaux de façon sensible et précise, vous êtes à même de faire un travail astral si vous vous sentez appelé à le faire.

Il faut alors construire un pont éthérique adéquat entre les corps physique et astral. C'est une véritable structure de matière éthérique, ressemblant à un filet à mailles serrées, qui permet aux vibrations de vos consciences astrale et physique de se traverser l'une l'autre. Une fois ce pont en place, vous avez une continuité parfaite de conscience entre vos vies astrale et physique. La mort, telle que vous avez pu la penser ou l'imaginer, n'existe plus.

Voici à présent une méthode que vous pouvez pratiquer avec vos cristaux de quartz, visant d'abord à bâtir le pont éthérique qui vous permettra de vous rappeler vos rêves. Ce pont construit, elle vous donnera ensuite la possibilité de maîtriser vos rêves et, de ce fait, le moyen de vous introduire avec eux dans le royaume astral.

A. TRAVAILLER SUR LES REVES

Cette technique est très efficace mais demande de la patience car elle peut, pour être maîtrisée, exiger des mois, voire des années. Ne prenez pas de raccourci ou cela ne marchera pas. Procédez étape par étape, jusqu'à ce que vous puissiez réaliser chacune d'entre elles, parfaitement. Elles sont nécessaires pour que puisse être bâti ce pont éthérique qui relie vos consciences astrale et physique.

Les cristaux qui conviennent le mieux pour ce genre de travail et pour le monde astral sont les diamants de Erkheimer, qui tiennent leur nom de l'endroit où les trouve, près de Erkheimer, dans l'état de New-York. Ils sont particulièrement purs et brillants et ont une double terminaison. Si vous ne pouvez vous en procurer, choisissez un cristal aussi brillant que possible et à terminaison double. Ceux où l'on peut voir à l'intérieur un arc-en-ciel sont particulièrement agréables à utiliser, parce que cet arc-en-ciel suggère les couleurs astrales. Pour de meilleurs résultats, le cristal doit mesurer au moins de 4 à 5 centimètres. Evidemment, si intuitivement un cristal d'une autre taille vous semble convenir, utilisez-le. Pour le choisir, clarifiez votre mental, centrez-vous et focalisez-vous sur le fait que vous le destinez à un travail sur les rêves. Choisissez-le en maintenant clarté et focalisation. Avant de vous en servir, veillez à le purifier. Entre deux utilisations, enveloppez-le de soie blanche, or, violette ou bleu clair. Si vous n'avez pas de soie, utilisez du coton. Gardez-le sur un autel, ou en quelque place qui lui aura été spécialement consacrée. Ne le montrez à quiconque, ne laissez personne le toucher. Vous devez être sûr qu'il vibre uniquement en harmonie avec vous.

• Première étape :

Chaque nuit, avant de dormir, programmez le cristal pour vous rappeler vos rêves au matin. Mettez-le sous votre oreiller, de façon à ce qu'il soit sous votre tête. Pendant la période d'endormissement, maintenez votre concentration : que ce soit votre dernièrre pensée avant de vous endormir. Gardez un cahier près de votre lit, sur lequel vous puissiez inscrire chaque rêve dont vous vous souviendrez au matin. Faites-le jusqu'à ce que vous ayez ainsi un enregistrement continu de vos rêves (au moins trois mois d'enregistement). Vous pouvez passer cette étape si vous notez ou vous rappelez déjà tous vos rêves. Ne purifiez pas votre cristal entre chaque nuit : de cette façon les vibrations que vous avez programmées vont continuer à vous aider.

• Deuxième étape :

lorsque vous pouvez parfaitement vous souvenir de vos rêves, choisissez-en un qui vous soit apparu avec une certaine constance, ou dont la trame se soit répétée. Avant de dormir, programmez votre cristal (comme dans la première étape) pour faire ce même rêve. Mettez le cristal sous votre oreiller. Restez concentré comme lorsque vous avez programmé le cristal et allongez-vous lentement. Voyez-vous vous emplir de plus en plus de lumière dorée, tant et tant qu'elle sort par votre peau et se répand autour de votre corps pour atteindre une épaisseur de quinze centimètres environ, dont la forme épouse approximativement celle de votre corps. Concentrez-vous sur ce corps de lumière et voyez-le se séparer de votre corps. Ne relâchez pas votre attention en sombrant dans le sommeil. C'est ici que commence l'apprentissage du contrôle des rêves. Poursuivez cette étape jusqu'à ce que vous arriviez à rêver constamment ce rêve particulier. Pendant 40 jours au moins, notez votre rêve le matin en vous éveillant. Ceci va vous aider à bâtir le pont éthérique. (Chaque fois que vous ne ferez pas ce rêve, purifiez votre cristal).

• Troisième étape :

Lorsque vous avez complètement réalisé la seconde étape, purifiez votre cristal et programmez-le pour vous rendre en un lieu où vous n'êtes pas forcément allé en rêve, mais où vous vous êtes déjà rendu. Remettez le cristal sous votre oreiller et concentrez-vous sur votre forme lumineuse. Tout en la fixant, maintenez votre focalisation sur cet endroit que vous voudriez visiter en rêve. Que ce soit votre toute dernière pensée avant de sombrer dans le sommeil. Dès le réveil, notez encore vos rêves. Purifiez votre cristal si vous faites un autre rêve. Reprogrammez-le toujours, que vous l'ayez ou non purifié. Lorsque vous pouvez constamment visiter ce lieu de votre choix pendant au moins 40 jours d'affilée, passez à l'étape suivante. Vous commencez à développer votre pouvoir de voyage astral.

• Quatrième étape :

Programmez alors votre cristal pour vous rendre en rêve en un lieu où vous n'êtes jamais allé sur terre. Utilisez le processus de la seconde étape pour programmer le cristal et vous endormir. Lorsque vous vous éveillez, notez vos rêves. Continuez l'exercice jusqu'à ce que vous ayez pu visiter cet endroit au moins 40 jours d'affilée. Lorsque vous avez maîtrisé cette dernière étape, vous êtes capable d'aller n'importe où et de rendre visite à qui vous voulez sur le plan astral. Le pont éthérique que vous avez construit va vous permettre de vous déplacer comme bon vous semble entre les mondes astral et physique, sans perte de mémoire ou de conscience.

Ainsi que nous l'avons déjà dit, vous n'avez pas à transférer les mémoires de votre vie astrale dans votre cerveau physique pour pouvoir être actif sur le plan astral. Si, pendant que vous travaillez, vous ressentez le besoin de vous mettre au service du plan astral, vous pouvez quand même agir, bien que vous n'ayez pas une conscience claire de ce que vous y faites. Le moyen est le suivant :

1) Juste avant de vous endormir, programmez votre cristal pour pouvoir servir sur le plan astral pendant que dort votre corps physique. Visualisez une tâche spécifique ou concentrez-vous sur elle, ou sur un moyen d'aider ou de vous offrir en service de quelque façon qui puisse être utile. Employez le même type de cristal que pour les exercices précédents.

2) Après l'avoir programmé, placez votre cristal sous votre oreiller.

3) Continuez à focaliser votre intention d'aider en sombrant dans le sommeil. Si votre concentration était forte, vous allez, comme vous le vouliez, pouvoir aider sur le plan astral, même si vous n'en avez pas le souvenir en vous éveillant. Ce processus peut accessoirement bâtir le pont éthérique qui vous permettra de devenir conscient de votre vie astrale.

4) Ne purifiez pas votre cristal au réveil; laissez les vibrations associées à votre requête se renforcer chaque fois que vous l'utilisez. Cependant, si vous vous sentez fortement poussé à le faire, purifiez-le. Emballez votre cristal et gardez-le dans de la soie ou du coton comme expliqué précédemment. Comme pour tous les autres travaux avec des cristaux, ne vous donnez pas égoïstement en spectacle en exécutant des tours, et ne faites rien qui puisse causer du tort. N'intervenez pas dans la vie d'autrui sans en avoir été prié : ceci se retournerait inévitablement contre vous. Utilisez votre vision astrale et vos pouvoirs intuitifs pour différencier les interférences utiles de celles qui ne servent à rien. Avant de changer les choses dans le monde astral, comme dans le monde physique, soyez conscient de toutes les implications et des conséquences de ce que vous allez entreprendre. Assurez-vous qu'une souffrance ou qu'un événement quel qu'il

soit ne servent pas à la réalisation d'un but supérieur. Est-il correct de s'en mêler ? La discrimination attentive conduit à une grande sagesse.

Maintenant que nous avons parlé du plan astral et avons donné les techniques à appliquer pour développer vos aptitudes à y agir consciemment, il est utile autant qu'important de se poser une question : pourquoi vous sentez-vous appelé à agir sur le plan astral en travaillant avec vos cristaux ? Une fois passée la simple curiosité, et après avoir abordé un travail de plus en plus poussé avec les cristaux, vous aurez développé une certaine inclination à aider autrui. Ceci se produit systématiquement, parce qu'en travaillant avec des pierres, vous poussez plus avant votre développement. Vos centres supérieurs, dont le Coeur, s'ouvrent alors davantage, et les qualités d'empathie, d'amour et de compassion qui leur sont inhérentes deviennent vôtres. Vous acquérez également une façon de voir qui vous permet de saisir un art de vivre pour vous et les autres, où n'ont pas cours toutes ces formes de souffrances qui peuvent exister. Vous savez comment utiliser vos cristaux pour vous soulager et soulager autrui, que ce soit pour remonter le moral, guérir, énergétiser ou pour d'autres bienfaits. Si vous voulez travailler sur le plan astral, vous êtes à même de rendre des services immenses aux êtres qui y demeurent, comme dans le monde physique. Vous pouvez travailler en général beaucoup plus activement et plus précisément sur le plan astral que sur le plan physique : dans votre corps astral, votre compréhension de ce qui doit être fait pour venir en aide est beaucoup plus profonde; vous avez accès à davantage d'informations, vous pouvez aller n'importe où, consulter le professeur de votre choix et recevoir toutes les instructions qui vous seront utiles, plus tard, dans le monde physique. On a besoin de beaucoup d'aide dans l'astral et vous y trouverez ceux qui ne sont là que pour vous aider dans votre développement, si vous avez le désir de venir en aide.

Il y a un autre avantage à être capable d'opérer sur le plan astral : il réside en tout ce que vous pouvez en apprendre. Votre sens des réalités dépasse de beaucoup toutes les limites que vous lui aviez imposées. De même, le sentiment de ce que vous êtes et de ce dont vous êtes capable s'étend au-delà de toute limite imaginable. Vous n'avez plus peur de la mort depuis que vous avez fait l'expérience de ce qui existe au-delà de votre corps physique, de votre pensée et de vos émotions. Vous pouvez vous sentir satisfait et accompli.

La mort est une illusion...
Vous êtes toujours ici, maintenant.

---

8. LE CORPS MENTAL, LA VISUALISATION ET LA PROJECTION DE FORMES-PENSEES AVEC LES CRISTAUX

Le corps mental s'étend au-delà du corps astral, tout en y étant contenu, de même que dans les corps éthérique et physique. Ce corps est perpétuellement en mouvement et change constamment, encore qu'il tende à conserver cette forme grossièrement ovoïde déjà mentionnée. Il concerne la manifestation du soi au niveau de la pensée ou de l'intellect. Dès que vous vous servez de votre intellect, de votre mémoire ou de visualisations, vous utilisez votre corps mental. Comme pour l'astral, vous pouvez devenir conscient de votre corps mental et vous en servir séparément de votre corps physique. Il a aussi son propre plan d'existence : le plan mental, qui est un univers en lui-même, avec ses lois et ses apparences. C'est votre pensée qui est ici votre véhicule, non pas celle qui travaille avec votre cerveau physique, mais une pensée qui oeuvre en-dehors de toute matière physique. Le plan mental est fait de vibrations mentales qui produisent leurs propres images. Celles-ci ressembleraient pour vous à des êtres et à des objets si vous y voyagiez. La sensibilité et le développement de votre cerveau physique déterminent les vibrations mentales auxquelles il peut répondre.

C'est la réponse de votre cerveau aux vibrations de ce plan mental qui détermine vos pensées. Les pensées, donc, n'ont pas leur origine dans votre cerveau mais dépendent de sa réceptivité. Vous pouvez vous-même en faire l'expérience en vous centrant et, avec un mental calme, en vous focalisant sur vos pensées. Une explication plus détaillée vous est donnée dans le paragraphe sur le mental. Chaque fois que vous pensez, imaginez ou visualisez quelque chose, vous émettez une vibration vers votre corps mental. Ceci a deux conséquences :

1) La production de vibrations appelées « ondes de pensée »,

2) L'émission de formes-pensées.

Vous les utilisez toutes deux lors de vos travaux, lorsque vous procédez à une projection de pensée ou à une visualisation.

9. LA VISUALISATION

La visualisation est la construction d'une image mentale à partir de séries de pensées, toutes en rapport avec cette image. Chacune d'elles en représente un aspect. Plus l'image est grande ou complexe, plus elle nécessite de pensées. Concentration et clarté d'esprit sont nécessaires pour donner une cohésion aux divers aspects de l'image, de façon à en obtenir, en fin de compte, une seule et globale vision. Vous avez alors besoin de volonté, autant que d'aptitudes à maintenir une focalisation.

La visualisation sur laquelle vous vous concentrez crée une véritable forme-pensée qui épouse ce que vous avez vu avec les yeux de l'esprit. Elle émet également des ondes de pensée. La qualité et la force de votre vision déterminent la nature exacte de ces ondes et formes de pensée. Pour visualiser, vous avez besoin de savoir faire deux choses : d'abord maintenir vos pureté et focalisation mentales; ceci a été abordé dans le chapitre premier. Ensuite, vous devez pouvoir utiliser vos pensées pour créer l'image de ce que vous voyez intérieurement. Certains y arrivent spontanément; pour d'autres, c'est plus difficile. Suit un exercice qui va vous permettre de développer vos aptitudes à visualiser, si vous ne pouvez déjà le faire aisément.

A. VISUALISATION
AVEC DES CRISTAUX DE QUARTZ

Asseyez-vous confortablement, bien droit, en face d'un gros cristal de quartz ou d'une boule de cristal. Vous pouvez faire le noir dans la pièce et disposer une source de lumière derrière le cristal pour l'illuminer.

Fermez vos yeux, videz votre mental, reliez-vous à la terre et centrez-vous. Ouvrez ensuite les yeux et fixez le cristal pendant une minute, puis portez ailleurs votre regard et fermez les yeux de nouveau. Essayez de garder en mémoire l'image du cristal, et rappelez-vous ce que vous étiez en train de voir. Dites-le tout haut ou enregistrez-le sur un magnétophone. Ceci va vous aider à graver cette image dans votre mémoire. Faites-le trois fois, puis fixez le cristal pendant deux minutes et essayez encore de vous rappeler comment il était, en parlant de ce que vous avez vu. Fixez-le ensuite pendant trois minutes, en notant tous les détails qui vous apparaissent et en imprimant fortement cette image dans votre mental. Voyez encore une fois ce dont vous pouvez vous souvenir. Vous pouvez augmenter la durée de ces séances jusqu'à dix minutes, et voir ensuite si vous pouvez vous rappeler ce que vous avez vu pendant ce temps. Ce processus va vous aider à voir mentalement même les images les plus importantes. Essayez de voir de mémoire le cristal lui-même, plutôt que la liste des pensées qu'il vous a inspirées. Si vous voulez vous faciliter la tâche, mettez un cristal à l'emplacement de votre Troisième Oeil en faisant l'exercice, maintenu par une main ou avec un bandeau. Dirigez-en la pointe vers le haut.

Les moyens de projeter une pensée ou une visualisation sont les mêmes que ceux dont vous vous servez pour projeter une émotion. Faites appel à votre volonté ou à une intention forte, à votre souffle, et à vos cristaux.

Nous donnons dans ce livre les méthodes basées sur la visualisation. Celle-ci n'est pas qu'une pensée pieuse ou l'effet d'une imagination déliée; elle peut être un outil extrêmement puissant.

Comme pour travailler sur le plan émotionnel, il y a de nombreuses façons d'utiliser les cristaux de quartz pour augmenter l'efficacité des transmissions de pensée ou des visualisations. D'abord, les vibrations originelles seront amplifiées si vous passez par l'intermédiaire d'un cristal pour focaliser votre volonté de projeter une pensée ou une image. De ce fait, vos projections pourront aller plus loin. Parce qu'elles sont amplifiées, elles pourront affecter plus efficacement la personne ou l'objet à qui elles sont destinées. On peut utiliser le cristal pour diriger la projection, de façon à ce qu'elle atteigne plus précisément son but. Il peut aussi servir à soutenir votre concentration, pour que la pensée soit plus pure et la forme-pensée plus élaborée. Avec lui, la transmission peut se faire plus efficacement, d'où de meilleurs résultats. En connaissant le mécanisme qui préside à une transmission de pensée efficace et à la projection d'une visualisation, vous allez découvrir une myriade d'autres utilisations pour vos cristaux.

Il est important de vous rappeler que même si vous n'êtes pas directement concerné par la projection de pensées, de visualisations, d'émotions puisque c'est vers autrui que vous les dirigez, vous n'en demeurez pas moins touché par elles d'une façon ou d'une autre. Vos corps vont vibrer en harmonie avec ce que vous pensez ou ressentez — et vous devez naturellement penser ou sentir quelque chose avant de le projeter. Evidemment, l'effet ne dure que jusqu'à ce que vous changiez les vibrations de votre corps avec une pensée ou une visualisation nouvelles. Néanmoins, le fait même de changer ce que vous ne voulez pas garder implique que vous ayez pu en faire l'expérience. Si vous résistez à cette expérience, vous ne pourrez pas vous en défaire. Il est sage de ne rien projeter que vous ne voudriez vivre.

Voici à présent deux techniques d'utilisation des cristaux permettant de procéder à une visualisation; elles vont accroître vos aptitudes à travailler sur le plan mental. La première est un exercice qui vous apprendra à transmettre et recevoir des pensées, qu'il faut exécuter à deux personnes ou plus. On parle parfois, à ce propos, de « perceptions extra-sensorielles ». Le second exercice est une visualisation guidée, qui va vous sensibiliser davantage aux cristaux de quartz, ouvrir votre Coeur, et vous permettre de communiquer avec quelqu'un sur les plans subtils, tout en développant vos corps subtils. Vous verrez combien il est efficace d'utiliser un instrument pour travailler sur soi-même.

B. EXERCICE 1 : TRANSMISSION DE PENSEE AVEC CRISTAUX DE QUARTZ
(Perceptions extra-sensorielles)
A faire à deux.

Avant de commencer cet exercice, il est préférable d'avoir lu et expérimenté ce qui a été inidiquer pour fixer ou contempler les cristaux. Vous devez pouvoir être capable de purifier votre mental et de maintenir un fort degré de concentration. Si vous voulez amplifier les fruits de cet exercice, portez un cristal clair ou une améthyste sur votre Troisième Oeil, et tenez-en éventuellement une dans chaque main.

1) Asseyez-vous l'un en face de l'autre et placez entre vous deux un cristal ou une boule de cristal de grandes dimensions. Vous pouvez faire le noir dans la pièce et illuminer le cristal pour maintenir plus facilement votre focalisation. Centrez-vous quelques instants avant de commencer. Déterminez qui va émettre et qui va recevoir.

2) Celui qui reçoit doit se tenir en état d'ouverture, de réceptivité, de clarté tout en fixant le cristal. Celui qui émet va se focaliser sur une pensée ou une image mentale qu'il va projeter, à travers le cristal, vers la personne qui lui fait face, une fois qu'il l'aura prévenue qu'il est prêt à le faire.

3) Le récepteur, en fixant le cristal, attend, jusqu'à ce qu'une image ou une pensée lui vienne à l'esprit. Il ne faut pas qu'il essaye de l'imaginer ou d'y penser intellectuellement. Qu'il fasse attention à la première pensée, image ou impression qui arrive : ce peut être une sensation très subtile ou une impression claire. Sans émettre de jugement, celui qui a reçu doit alors dire ce qu'il a vu ou senti.

4) Au tour de l'émetteur de dire ce qu'il a envoyé. Vérifiez les résultats. N'essayez pas de juger qui a fait bien ou mal; ce n'est pas le but de cet exercice et ça ne pourrait qu'entraver le développement de vos aptitudes à émettre ou à recevoir. Un jugement implique que vous fassiez usage de votre intellect qui, alors, interfère avec cette partie de votre mental que vous utilisez pour la transmission de pensée.

5) Répétez trois fois le processus, puis inversez les rôles.

6) Continuez à faire cet exercice jusqu'à ce que l'un de vous ait envie d'arrêter. Reposez-vous dès que vous vous sentez fatigués. Vous forcer ne vous servirait qu'à vous affaiblir et à ralentir vos progrès. Vous pousser vous force à vous juger et, encore une fois, ceci vous est nuisible. Notez simplement vos résultats.

C. EXERCICE 2 :
EXPERIENCE INDIVIDUELLE
DE VISUALISATION

1) Utilisez un cristal clair à terminaison simple ou double ou une boule de cristal. Asseyez-vous confortablement, le dos droit pour que l'énergie puisse traverser votre corps sans obstacle. Fermez vos yeux et concentrez-vous sur votre respiration, qui doit être longue, profonde, et doit emplir totalement vos

poumons. Sur chaque expir, détendez votre corps et centrez-vous. Gardez les yeux clos pendant la durée totale de la visualisation.

2) Lorsque vous vous sentez détendu et centré, prenez le cristal dans la main gauche, en le pressant et en le frottant avec les doigts. Comment le sentez-vous ? Quelle est sa température ? Notez chacune des sensations qu'il provoque en vous.

3) En le tenant toujours, voyez-le devenir plus gros, s'élever au-dessus de votre main et venir se balancer juste devant vos yeux. Voyez-le s'éloigner de vous et devenir de plus en plus gros, tant et si bien qu'il va devenir le seul objet dont vous puissiez avoir conscience.

4) Vous vous approchez de la première face du cristal. Plus vous vous approchez, moins vous en saisissez les limites. Il n'y a plus que du cristal.

5) Passez vos mains sur la surface de ce cristal. Comment le sentez-vous à présent ?

6) Tout en le tâtant avec vos mains, venez frottez votre corps contre lui. Quelles sont vos sensations ? Alors que vous vous délectez à la surface, il vous semble que vous vous fondez à l'intérieur, joyeuse-ment; et vous vous retrouvez là, flottant dans son éclat chatoyant et doré. Une douce fraîcheur vous envahit et peut-être sentez-vous une légère brise. Flottant librement dans le cristal, vous vous sentez paisible et content. Laissez-vous entraîner par votre imagination pour faire connaissance avec l'intérieur de la pierre.

7) Remarquez à présent qu'il y a de la lumière autour de vous, une lumière claire, brillante, dorée qui entraîne votre corps à vibrer plus vite, de plus en plus vite (sentez-vous brillant, sentez-vous lu-mière vibrante). Elevez-vous vers cette lumière, jusqu'à ne plus voir qu'elle, intense, claire, cristal-line.

8) Vous vibrez à présent à un taux extrêmement élevé. Détendez-vous dans cette vibration. Ne faites plus qu'un avec elle. Détendez-vous. Vous sentez comme un adoucissement vers le milieu de votre corps. Visualisez-le : c'est le centre du Coeur qui s'ouvre. Son éclat est vert, et ses bords sont roses. Le vert est doux et clair.

9) Cette douceur s'étend, pour devenir comme un chemin de lumière vert bordé de rose. Il part de votre Coeur et va de plus en plus loin. Il passe les parois du cristal et va aussi loin que vous pouvez voir.

10) Vous vous sentez détendu et très ouvert. Dans cette ouverture, invitez quelqu'un avec qui vous voudriez communiquer. Invitez-le avec vous dans l'éclat vert; souhaitez-lui la bienvenue. Invitez qui vous voulez : un guide, une personne aimée, quelqu'un que vous n'avez pas vu depuis longtemps et que vous aimeriez revoir. Voici une chance de dire tous ces mots qui n'ont pas été dit quand vous l'auriez tant aimé. Plein d'amour et d'ouverture, accueillez cet être dans l'éclat vert et rose de votre Coeur.

11) Voyez-le à présent s'avancer vers vous sur le chemin vert et rose. Au fur et à mesure qu'il s'apprpoche, il se nimbe d'un éclat vert. Il est ouvert, doux, confiant comme vous.

12) Souhaitez-vous la bienvenue. Vous n'êtes tous les deux que lumière verte et rose, celle de l'ouverture. Respirez à partir de votre Coeur, de votre centre.

13) Commencez à communiquer. Ecoutez, posez des questions; parlez; soyez ouvert; ayez confiance, aimez et laissez faire. Ne vous taisez rien, ne vous cachez rien.

14) Après vous être parlé encore, voyez comme vibre le vert qui vous entoure : si rapidement qu'il

semble danser parmi des milliers de particules en mouvement. Détendez-vous, laissez-vous aller. Goûtez votre joie.

15) En dansant dans le vert, faites vos adieux à votre invité(e).

16) Il (elle) vous dit aussi « au-revoir » et commence à s'éloigner; vous voyez de plus en plus de vert et de rose entre vous, au fur et à mesure que la distance s'accroît. Les couleurs grandissent entre vous, jusqu'à ce qu'il n'y ait plus qu'elles.

17) Alors même que vous ne distinguez plus votre invité(e), sentez comme sa présence est encore dans votre Coeur.

18) Remerciez-le (la) d'avoir passé un moment avec vous. Sachez qu'il (elle) vous aime, et que vous l'aimez malgré tout ce qui a pu être dit auparavant.

19) Ressentez à présent votre Coeur comme un espace doux, ouvert et vibrant.

20) Soyez conscient des vibrations qui vous entourent. Autour de vous, voyez la lumière chatoyante et dorée, sentez la fraîcheur sur votre peau, comme un petit vent doux et agréable. En harmonie avec lui, vous flottez librement dans les vibrations.

21) Vous êtes en train de flotter et vous descendez à présent en tournoyant sur vous-même, les pieds en bas. Au fur et à mesure, le vent se réchauffe, jusqu'à ce qu'il n'y ait plus qu'une douce chaleur autour de vous.

22) Sentez vos pieds toucher une surface. Vous êtes à nouveau entouré par le cristal.

23) En observant de plus en plus près ce cristal qui vous entoure, vous remarquez soudain qu'il vous fait face.

24) Regardez sa paroi chatoyante. Frottez vos mains dessus, frottez-y aussi votre corps et notez ce que vous ressentez. Sentez la paroi du cristal.

25) Il est temps, à présent, de quitter le cristal. Reculez et, en reculant, voyez-le rétrécir. Continuez à vous en éloigner jusqu'à ce qu'il vous apparaisse au loin, tout petit.

26) En le regardant à distance, voyez-le s'élever et flotter vers vous.

27) Alors qu'il s'approche, voyez-vous tendre la main gauche pour l'accueillir.

28) Reprenez conscience et sentez le vrai cristal dans votre main gauche, sentez sa température, sa dureté, sa douceur, ses arêtes.

29) Comment vous sentez-vous à présent ? Soyez conscient de votre état d'esprit.

30) Détendez-vous et prenez conscience de votre environnement. Comment le ressentez-vous ?

31) Sentez à présent la surface sur laquelle vous êtes assis. Comment vous paraît-elle ?

32) Soyez attentif à votre respiration et ouvrez lentement les yeux.

33) Avant de vous relever, recentrez-vous et re-liez-vous à la terre. Soyez conscient de vos émotions et de votre état d'esprit.

Cette visualisation est particulièrement puissante parce que vous y avez inclus vos sentiments. Vous avez, par conséquent, utilisé non seulement le plan mental, mais également le plan astral. En créant certaines ondes de pensée et certaines formes-pensées, vous avez aussi créé certains états émotionnels. Ces pensées et émotions peuvent ne vous affecter que temporaire-ment ou peuvent au contraire durer. La durée de leurs effets dépend de l'intensité de votre concentration. Si elle était assez forte, vous avez réellement communiqué avec le corps astral et/ou mental de l'être que vous avez invité dans cet exercice. Vous vous êtes servi de votre corps astral et/ou mental. Même si la communication n'a pas été directe de corps subtil à corps subtil, les ondes — ou formes-pensée — correspondant à votre communication ont été projetées vers lui; elles toucheront son corps subtil selon son degré d'ouverture. S'il est ouvert et si votre focalisation était forte, la communication peut même avoir atteint sa conscience. Bien que votre esprit rationnel puisse vous dire que tout ceci n'est qu'imagination, vous avez réellement rencontré cette personne quelque part. Pour pouvoir aller plus loin, faites bien attention à l'état dans lequel vous vous trouviez avant et après l'exercice.

10. RECEPTIVITE, PROTECTION ET BOUCLIER PSYCHIQUE AVEC LES CRISTAUX DE QUARTZ

Quelle est l'importance de la réceptivité lorsque l'on procède à la transmission d'ondes et de formes-pensées ? Pouvez-vous projeter efficacement si la personne qui reçoit n'est pas ouverte ? Est-il donc également nécessaire de vous protéger contre les ondes et formes-pensées qui vous entourent, de façon à ce qu'elles ne vous affectent pas ?

Peuvent-elles vous faire du mal, et comment ? En bref, est-ce que n'importe qui peut projeter en vous tout ce qui lui semble bon sans être un intrus ?

Ce sont généralement les questions qui viennent à l'esprit lorsque l'on réalise la nature des pensées et des projections, intentionnelles ou pas. Ce qu'il faut se rappeler — et qui répond à toutes ces questions —, c'est que ni ondes de pensée, ni formes-pensées ne peuvent vous affecter, qui n'aient en vous leur écho. Ceci est vrai que vous soyez ou non ouvert.

Vous voyez par conséquent l'importance que revêt le développement personnel. En vous débarrassant de tous les désirs de bas niveau et en vous focalisant sur les qualités supérieures, vous faites vibrer automatiquement votre corps à un niveau supérieur. Toute projection de nature inférieure correspond à un taux de vibration plus lent qui ne peut, dans ces conditions, interférer avec le vôtre. Non seulement il ne peut pénétrer les vibrations plus rapides de votre corps mais, de plus, il retourne à la personne qui les a émises. La meilleure protection, par conséquent, contre les ondes et formes-pensées indésirables est de développer ces qualités supérieures que sont la paix, l'amour, le contentement, etc. (Ceci se produit naturellement lorsque vous apprenez à utiliser les cristaux, ou lorsque vous faites les exercices de développement personnel que nous vous indiquons tout au long de ce livre).

Cette protection naturelle reste valable même si les formes-pensées inférieures sont dirigées à votre endroit ou flottent autour de vous. Si vous sentez que vous n'êtes pas suffisamment développé ou êtes d'une quelconque façon encore vulnérable aux projections de pensée indésirables, il y a d'autres façons de vous protéger. La première et plus évidente méthode consiste à éviter les environnements susceptibles de servir de support aux formes-pensées que vous voulez fuir. Si, par exemple, vous ne voulez pas être affecté par des formes-pensées violentes, n'allez pas voir un film violent ou participer à une activité qui dégage ce genre de formes-pensées dans l'environnement immédiat, ou encourage les participants à en avoir. Créez activement autour de vous un environnement de nature plus élevée. Soyez sensible aux couleurs, et utilisez-les; de même pour les sons, les cristaux, les tableaux, les plantes, etc.

Si vous vous sentez particulièrement ouvert ou en situation de l'être, vous pouvez construire un bouclier psychique ou subtil autour de vous. (Beaucoup de gens préfèrent le faire lors d'une méditation ou d'une contemplation). Ce bouclier est construit sur les plans subtils et vous protègera de toute pensée ou émotion indésirées. Enfin, si vous savez que l'on projette vers vous une pensée (ou une émotion) que vous ne voulez pas recevoir, vous pouvez utiliser votre volonté pour lui résister. Plus fortes seront votre concentration et votre volonté, plus grande sera votre résistance.

Ceci amène le point final : même si vous projetez une onde ou forme-pensée de nature supérieure, la personne réceptrice doit lui être ouverte et ne pas y résister. Il est par conséquent important, lorsque vous travaillez sur la projection de pensées ou d'émotions avec vos cristaux, de préparer la personne à la recevoir. Si vous émettez à distance, prévenez la personne du moment où vous pensez commencer et finir. Si la personne est à vos côtés, il importe qu'elle soit détendue. Expliquez-lui ce que vous avez l'intention de faire, et les résultats que tous deux pouvez en escompter. Aidez-la à se mettre en état de réceptivité. Evidemment, si vous travaillez sur vous-même, le fait de commencer par créer la pensée vous met en harmonie avec elle.

Il est possible de toucher quelqu'un si cette personne pratique le rêve éveillé ou n'utilise pas activement son mental. En principe, toute projection employée pour vos travaux avec les cristaux va trouver à quelque degré une résonance. Cependant, un mental neutre chez le récepteur n'offre pas la même garantie de succès qu'un état d'esprit réceptif et ouvert.

Suit une technique que vous pouvez utiliser pour créer un bouclier contre les projections de pensées et d'émotions indésirables. Ce bouclier existe réellement sur les plans subtils et protègera vos corps subtils comme votre corps physique.

A. CREER UN BOUCLIER SUBTIL OU PSYCHIQUE

1) Asseyez-vous ou restez debout, bien droit. Tenez un cristal de quartz dans chaque main. Portez-en un, si vous voulez à l'emplacement du Troisième Oeil; ceci va vous permettre de visualiser plus efficacement le bouclier. Fermez vos yeux, focalisez-vous sur votre Troisième Oeil.

2) Visualisez autour de vous une lumière brillante et dorée, jusqu'à trente centimètres environ de votre corps, dans toutes les directions. Soyez sûr de la voir également sous vos pieds et au-dessus de votre tête. Cette orbe dorée a la forme d'un oeuf dont vous seriez le centre.

3) Visualisez l'influence indésirable comme repoussée à l'extérieur de cet oeuf doré par un feu ou des flammes virulentes.

4) Vous, vous êtes au centre, calme, intouchable. Quand vous vous déplacez, vous restez entouré de ce bouclier de lumière, même si vos cristaux ne sont plus là.

5) Vous pouvez garder vos cristaux ou l'un d'entre eux avec vous pour vous le rappeler, et renforcer l'existence et la puissance de votre bouclier.

6) Lorsque vous sentez que vous n'en avez plus besoin, faites disparaître cette orbe de lumière de la même façon que vous l'avez fait apparaître.

7) Purifiez-vous, et purifiez vos cristaux.

B. SOUTENIR UNE FORME-PENSEE AVEC DES CRISTAUX

Une forme-pensée va rester en vie et continuer d'affecter la personne visée aussi longtemps qu'elle sera soutenue par une forme quelconque d'attention. Vous pouvez parfois, en travaillant avec vos cristaux, vouloir poursuivre un processus particulier sur une certaine durée, notamment dans un travail de guérison. Il vous serait difficile, voire impossible d'y procéder vous-même pendant tout ce temps, ni à la personne de s'y impliquer sur cette durée. Voici une technique qui va vous permettre, avec l'aide de vos cristaux, de projeter et de maintenir une forme-pensée ou une visualisation à distance pour une durée déterminée.

1) Procurez-vous une photo de la personne avec laquelle vous voulez travailler. Si vous n'en n'avez pas, faites-en un portrait aussi ressemblant que possible (peu importe que le portrait soit bien dessiné ou précis). Placez-le sur un autel ou en un endroit où personne n'y touchera. Utilisez le cristal qui vous semblera le mieux convenir à ce travail. Purifiez-le avant de commencer.

2) Asseyez-vous ou restez debout, confortablement. Purifiez-vous et centrez-vous. Concentrez-vous sur la personne, en visualisant la forme-pensée que vous désirez projeter. Voyez-en chaque détail, tout en maintenant votre focalisation. Tenez votre cristal dans l'une de vos mains ou dans les deux

mains, et fixez-le comme si vous émettiez votre projection par les yeux.

3) Utilisez à présent votre souffle pour projeter pensée ou visualisation dans le cristal. Inspirez, projetez en expirant.

4) Placez ensuit le cristal en-haut du portrait de la personne. Faites appel à votre volonté pour suggérer que les vibrations du cristal vont maintenant représenter votre pensée — ou votre visualisation — et la projeter continuellement vers cette personne dont le portrait va servir d'intermédiaire. Ceci se produira sans discontinuer, que vous soyez ou non présent.

5) Vous pouvez à présent vous purifier et vaquer à vos occupations quotidiennes. A l'occasion, concentrez-vous sur le cristal de l'endroit où vous êtes si vous sentez intuitivement que la transmission s'affaiblit.

6) Emportez dans votre poche un autre cristal plus petit ou toute autre chose qui, de temps en temps, vous fasse penser à vous réaccorder sur le grand cristal.

7) 30 jours semblent être une bonne durée pour l'application de cette technique, mais vous pouvez la poursuivre aussi longtemps qu'il vous semble bon de le faire.

8) Quand vous avez terminé totalement ce travail, enlevez le cristal de la photo et purifiez-le. Purifiez-vous de nouveau et faites ce qui vous semble approprié pour la photo.

11. CANALISER

Canaliser permet que les informations fassent leur chemin des plans plus subtils vers le plan physique, pour autrui comme pour vous-même.

Votre but est de servir d'intermédiaire (de « canal ») pour transmettre l'information. N'oubliez pas que le service est la dominante de tous vos travaux engagés avec les cristaux. Faites-le consciencieusement et avec les meilleures intentions.

Voici une technique qui va vous permettre d'être un « canal » pour les informations. Centrez-vous en premier lieu, reliez-vous à la terre et purifiez-vous selon les méthodes qui vous ont été données. Demandez alors ardemment, du fond de votre coeur, à être autorisé à servir d'instrument par lequel pourra arriver la Sagesse Supérieure. Asseyez-vous tranquillement et soyez conscient d'une vibration, dans votre corps et autour de vous. En vous concentrant, attendez une élévation de cette vibration de base. Vous pouvez la recevoir comme une sensation intérieure, des tremblements, de la chaleur, ou de bien d'autres façons.

Si vous ne percevez aucun changement physique, intérieur ou autre, dans les cinq premières minutes, n'insistez pas. Il peut y avoir quelque blocage au niveau de vos corps physique, mental ou émotionnel qui interdise à l'information de s'écouler librement. Essayez de vider votre tête; centrez-vous. Stimulez vos chakras pour les ouvrir (faites la série d'exercices donnée pour tous les chakras). Si vous voulez quand même continuer à vous offrir pour cet usage, faites-le; attendez de nouveau une réponse. Si elle ne vous arrive pas, ce n'est pas le moment.

Quand finalement, vous ressentez ces changements que nous venons de décrire, vous êtes prêt à commencer. Pour procéder à la canalisation elle-même, il faut se souvenir de quatre données de base et travailler en conséquence. D'abord focalisez-vous sur le sujet ou la question qui demande l'information. Celle-ci peut être large ou spécifique, selon ce que l'on veut savoir. Ensuite, reliez-vous à la terre, de façon à toujours rester conscient de votre corps.

Certaines personnes se sentent alors comme si elles étaient habitées par un autre être qui utiliserait leur corps. C'est une technique, mais elle n'est ni nécessaire ni recommandable, car il n'y a, finalement, pas de différence entre vous et un être éthérique, et parce que recevoir quelqu'un dans votre corps risque de créer une dualité qui n'a aucune raison d'être. Si vous vous sentez habité par une autre entité et que vous vouliez vous en débarrasser, jetez-la dehors. Utilisez votre volonté pour la faire partir et envoyez-lui, en même temps, de l'amour. L'amour va vous aider à vous sentir ferme et fort. Souvenez-vous en troisième lieu de bien vous préserver de toute motivation et attachement personnels quant à l'information qui va vous parvenir. Voir les remarques sur l'attachement dans la dernière partie de ce livre. Ne permettez pas au doute, à la peur ou à la vanité d'interférer.

Comme dans tous les travaux avec les cristaux ou métaphysiques, les motivations personnelles polluent la pureté du message, quand elles ne l'arrêtent pas totalement. Vous êtes un canal d'autant plus efficace que vous avez abandonné vos attachements personnels. Une bonne façon de cerner la profondeur de vos motivations ou de vos attachements personnels est de noter si l'attention des autres se focalise sur vous ou sur le message que vous allez délivrer. Vous sentez-vous important, aimé, récompensé, etc. ? Si vous êtes totalement concentré sur votre Moi supérieur ou votre guide intérieur, vous ne vous sentirez pas mal aimé, mal récompensé, seul, sans importance (ni ne vous sentirez important). Vous serez juste vous.

En dernier lieu, ne jugez pas l'information qui vous parviendra. Contentez-vous de la communiquer. Plus tard, vous pourrez en vérifier la véracité.

Comment la canalisation se manifeste-t-elle ? Qu'écoutez-vous lorsque vous vous mettez en état de canaliser une information ? Vous êtes à l'écoute de votre voix intérérieure, à l'écoute de cette source de vérité qui est en vous. Certains entendent des voix, des sons ou voient des écrits apparaître à leurs yeux intérieurs. La plupart des gens ont des impressions, des sensations subtiles, sans tournure ni forme particulières. Des sentiments accompagnent parfois ces impressions, et révèlent une information complémentaire. Contentez-vous d'être en état de réceptivité, d'avoir un mental dégagé, et de communiquer ce que sont ces impressions subtiles. Commencez par ce qui vous vient en premier, même si cela ne vous paraît être qu'un essai. En continuant, les impressions vont venir plus vite et devenir plus claires.

Quand vous jouez le rôle de canal, vous sentez l'information ou les impressions qui passent à travers vous. Il peut vous sembler parfois que vous imaginez la chose, et vous avez alors tendance à écarter ce que vous pensez, craignant que ce ne soit pas valable. Ne vous inquiétez pas : aussi longtemps que ce que vous canalisez correspondra à votre vérité intérieure ou résonnera en harmonie avec elle, vous direz vrai. Toute imagination est, de toute façon, basée sur une vérité des plans subtils. Parlez de tout ce que vous sentez être en harmonie avec votre propre sens intérieur de la vérité. Cette harmonie est garante de la véracité de ce que vous recevez. Si vous avez un doute sur ce que vous allez communiquer, ne le faites pas. Votre justesse est fonction du niveau auquel vous vous sentez aligné sur votre sensation intérieure de vérité.

Pour démarrer le processus de canalisation, il est nécessaire de vous dégager de tout ce qui pourrait vous distraire dans le lieu où vous voulez opérer. Votre environnement doit être harmonieux, le téléphone débranché. Vous devez vous organiser pour ne pas être dérangé et pour avoir tout votre temps : vous ne pourriez être totalement ouvert si vous pensiez que vous risquez d'être interrompu. L'endroit que vous avez choisi doit être sûr; il faut que vous vous y sentiez bien. Vous pouvez y faire brûler de la sauge, du cèdre, du santal : la fumée purifiera la pièce, ainsi que nous l'avons déjà mentionné. Vous pouvez, si vous le désirez, employer tout objet rituel dont vous aimez vous servir : placez certains objets ou certains tableaux dans la pièce pour amplifier les vibrations. Préparez tout ce dont vous avez besoin, de façon à ne pas avoir à y penser. Prenez du papier, un magnétophone ou demandez à quelqu'un de vous écouter, selon ce qui vous conviendra le mieux.

A. CANALISER AVEC LES CRISTAUX

Voici quelques différentes façons d'utiliser vos cristaux pour qu'ils vous aident à canaliser. Procurez-vous un gros cristal, parfois appelé « générateur », et plaçez vos mains sur la pointe ou sur les deux faces opposées : ceci va vous énergétiser. Vous pouvez également faire appel à la technique de fixation du cristal : fixez un cristal clair ou une boule de cristal. Une améthyste peut également convenir, mais les cristaux clairs permettent plus de variations (Cf. le chapitre sur la contemplation des cristaux).

Entrez dans le cristal, et attendez que l'information descende en vous par son sommet. A l'intérieur du cristal, voyez l'information écrite sur un écran placé devant vous, ou invitez un guide. Vous pouvez aussi imaginer que vous êtes dans une grande pièce de cristal remplie de gens qui, comme vous, posent des questions. Cette pièce est, du haut en bas, séparée en compartiments. Certains sont vides, d'autres sont occupés. Vous entrez dans l'un d'entre eux, vous y asseyez et y sentez une force fantastique. En méditant et en vous ouvrant à son influence, vous trouvez vos réponses.

Vous pouvez aussi, dans le cristal, vous voir descendre un long couloir aux murs chargés de livres de chaque côté. Le couloir est frais et clair. Alors que vous le traversez, le livre qui vous était nécessaire semble arriver tout seul dans vos mains. Il y a mille méthodes à exercer dans un cristal; soyez imaginatif, soyez créatif : trouvez-en une qui marche pour vous.

Entourez-vous d'un champ de force à base de cristaux de forme géométrique spécifique, qui va amplifier tout ce que vous faites. Tenez un cristal dans vos mains lorsque vous travaillez; portez des cristaux sur votre coeur, sur votre Gorge, sur votre Troisième Oeil. Utilisez-les pour ce travail uniquement; entre deux séances, gardez-les protégés.

A un moment donné, on sent qu'il est temps d'arrêter ce processus de canalisation. N'essayez pas d'avoir davantage à dire; arrêtez-vous, c'est tout. Si vous ne le faisiez pas, il vous serait beaucoup plus difficile de rester dans le vrai, et vous pourriez vous sentir fatigué, épuisé. Lorsque vous avez terminé, sortez de votre cristal si vous aviez employé une telle méthode, reliez-vous à la terre et centrez-vous. Purifiez l'espace où vous avez travaillé, ceux qui vous entoure et vos instruments. Après un travail de ce genre, on se sent généralement empli d'un très agréable sentiment de satisfaction. Il se peut que vous vous sentiez physiquement, émotionnellement ou mentalement fatigué. Travaillez davantage sur votre développement pour éviter de vous affaiblir et pouvoir ainsi canaliser plus facilement.

12. DECOUVRIR CE QUI A ETE MIS EN MEMOIRE DANS UN CRISTAL

Lorsque l'on est mis, pour la première fois, en contact avec un cristal, on a généralement envie de le purifier de toute vibration antérieure qui lui ait été imprimée. Il peut contenir certaines influences dont vous vouliez vous débarrasser. Néanmoins, un cristal contient souvent des informations qui pourraient vous être utiles; certains d'entre eux ont été délibérément programmés pour délivrer des informations à qui les découvrira plus tard. Certains de ces programmes sont récents, d'autres datent de civilisations anciennes. On peut volontairement laisser une image ou une information à quelqu'un pour des époques ultérieures. Dans ce cas, il vaut mieux pouvoir découvrir ce qui est emmagasiné dans le cristal, plutôt que procéder à une purification systématique.

Suit une technique qui va vous permettre d'y procéder.

1) Touchez le cristal de vos deux mains, ou éloignez très légèrement vos mains, de manière à établir simplement une connexion subtile avec la pierre. Les deux méthodes se valent.

2) Fermez les yeux et focalisez-vous sur votre Troisième Oeil, situé entre les sourcils, au centre de votre front.

3) En gardant vos mains en contact avec le cristal, respirez par le nez longuement, profondément. Sur chaque inspir, détendez-vous de plus en plus profondément.

4) Laissez s'en aller tout ce qui vous vient à l'esprit, jusqu'à ce que vous soyez totalement concentré sur le cristal.

5) Sentez-vous vibrer en harmonie avec lui.

6) Emettez alors fortement l'intention d'apprendre ce qui a été mémorisé à l'intérieur de ce cristal. Maintenez cette intention pendant toute la durée de l'exercice.

7) Vous pouvez recevoir l'information de deux façons :

a) Votre Troisième Oeil se mettra à battre avec la lumière, et vous recevrez des images de ce que contient le cristal.

b) Ou bien ce sont des impressions que vous allez recevoir : elles peuvent être fortes ou très faibles; n'essayez pas de faire appel à votre intellect ou vous ne les sentiriez plus. Contentez-vous de rester ouvert et réceptif.

8) Lorsque vous avez terminé, purifiez la pierre si vous désirez le faire, purifiez votre environnement sans vous oublier (Voir la méthode de fumigation).

Si vous voulez transmettre volontairement des images ou des messages à quelqu'un d'autre, programmez votre cristal comme nous vous l'avons expliqué dans la première partie. L'autre personne pourra alors faire appel au processus que nous venons d'indiquer pour recevoir l'information. C'est une bonne façon pour les parents de communiquer certaines expériences ou certains messages à leurs enfants; de même pour un professeur vis-à-vis de ses étudiants.

13. FIXER UN CRISTAL, LIRE DANS UNE BOULE DE CRISTAL

Fixer un cristal ou lire dans une boule de cristal relève de l'utilisation du cristal de quartz comme moyen de focalisation ou comme point de départ pour développer et maintenir un état de

conscience altéré qui va permettre d'obtenir certaines informations. Cet état de conscience altéré, parfois appelé « transe »,
peut vous permettre de remonter très loin dans votre subconscient pour exhumer une réponse spécifique ou générale aux
questions posées, ou pour percevoir une information précise.

L'état de transe peut aussi vous sensibiliser à certaines
vibrations éthériques qui vont vous permettre de voir dans le
futur ou le passé. On peut s'en servir pour voir le plan astral et
y voyager (voir « Le voyage astral »). Accessoirement, fixer un
cristal et lire dans une boule de cristal vous aident à développer
vos pouvoirs de concentration, de volonté, de visualisation et de
télépathie.

Il y a de nombreux autres media que vous puissiez fixer ou
lire : l'eau par exemple ou l'encre noire, les feuilles de thé, les
miroirs magiques ou les boules de verre. Le cristal de quartz,
cependant, amplifie les vibrations éthériques dont il vous faut
être conscient dans certaines lectures. Les propriétés inhérentes
au cristal de quartz vous aident à focaliser plus facilement votre
attention. Le cristal vous énergétise et aide à maintenir suffisamment longtemps la concentration pour pouvoir procéder à
une lecture claire. Il élève aussi vos vibrations et approfondit
votre état de transe. Toute forme sphérique crée un champ de
vibrations rond qui vous attire en son centre lorsque vous vous
concentrez sur elle. Une boule de cristal de quartz amplifie,
accélère et approfondit le processus.

Comme pour tous les autres travaux avec les cristaux, il est
nécessaire que soient développés aussi bien votre force de
volonté, la clarté et le calme de votre mental pour obtenir une
bonne efficacité. Un mental tourmenté, incapable de se concentrer, ne peut voir au-delà de l'écran de pensées qui masquent les
impressions plus subtiles. Une volonté faible et non-entraînée ne
vous permettra pas de vous concentrer ou de maintenir suffisamment longtemps une focalisation. Pour lire efficacement
dans une boule de cristal ou pouur fixer les cristaux, vous devez
aussi pouvoir vous détacher de tout ce qui concerne votre
quotidien. Il vous faut acquérir un sens de vous-même qui se vive
séparément de ce que vous faites, pensez ou ressentez. Si vous
faites les exercices indiqués dans ce livre, vous ne manquerez pas
d'y parvenir.

Pour appuyer ce travail, commencez par développer votre conscience des sensations et des pensées qui vous parviennent des plans astral ou mental. Elle s'accroît naturellement lorsque vous fixez les cristaux ou lisez dans une boule de cristal. L'incidence de ces expériences dans votre vie quotidienne doit accélérer le processus : essayez d'être conscient de la précognition et de l'intuition dans votre vie de tous les jours, au lieu de systématiquement les refuser. Augmentez enfin vos aptitudes à visualiser ou à saisir des images mentales, de façon à mieux voir dans le cristal. Des exercices vous ont été donnés pour vous aider à accroître vos aptitudes à la visualisation. Les méthodes sont les mêmes, qu'il s'agisse de fixer un cristal ou de lire dans une boule de cristal, mais lorsque vous fixez une boule de cristal, il vous est plus facile de centrer votre focalisation sur un point et d'approfondir ainsi votre état de transe. Comme nous l'avons déjà dit, une boule de cristal génère un champ d'énergie sphérique avec effet de tourbillon qui tend à vous attirer en son centre.

Etant donné que les techniques pour fixer un cristal vous ont déjà été exposées, nous allons ici nous consacrer principalement à la lecture dans la boule de cristal.

Quelles sont les meilleures boules pour travailler ? Certains préfèrent celles qui sont totalement pures, pressentant qu'un quelconque corps étranger risquerait de les distraire. D'autres préfèrent celles qui contiennent des formations, que l'on appelle « voiles » ou « inclusions ». Ils y trouvent des emplacements particulièrement intéressants qui attirent leur attention dans la boule. C'est ce que l'on appelle des « passages ». Les arcs-en-ciel et les couleurs donnent une certaine dimension à vos lectures. Ils rappellent aussi, dans une certaine mesure, les couleurs du plan astral, et par là vous aident à y parvenir. En choisissant votre boule de cristal, sélectionnez celle qui vous attire le plus ou qui semble vous appeler vers elle.

Pour fixer une boule de cristal, il vous faut en regarder l'intérieur avec concentration. Ne forcez pas mais soyez très concentré. Si vos pensées s'évadent, ramenez-les calmement à votre objet. Fixez la boule d'un regard diffus, non focalisé. Il existe une technique pour arriver à diffuser son regard : regardez droit devant vous en tirant légèrement vers vos oreilles le coin externe de vos yeux. Gardez la position et remarquez la façon dont vous voyez. Laissez aller vos yeux et conservez cette façon de voir en regardant dans le cristal. Avec de la pratique, vous saurez automatiquement passer à cette forme de vision dès que vous fixerez la boule. Lorsque s'approfondit votre concentration sur un point précis de la boule, vous pouvez passer dans un état de conscience altéré, où vous n'êtes conscient de rien sinon du point que vous fixez. Votre vision est alors automatiquement diffuse.

Il existe différentes méthodes pour voir dans une boule de cristal lorsqu'on se trouve dans un état de conscience altéré. On peut réellement avoir des visions : dans ce cas, d'habitude, la boule semble devenir grisâtre ou nuageuse, puis un couloir paraît s'ouvrir, ou bien des rideaux se tirer; alors on a des visions.

Une autre méthode, semblable à la première, utilise la boule comme point de départ d'un « tube astral ». Ce tube donne sur le plan astral, tout à fait comme un télescope. On regarde dedans et on voit. En état de transe, on peut vouloir entrer dans le tube et vraiment pénétrer dans la vision, où l'on se retrouve alors entièrement. Il convient alors de garder conscience lorsque l'on ressort du tube et que l'on quitte l'état de transe, pour ne pas oublier ce que l'on a vu. Si vous voulez voir vos visions au travers d'un tube astral plutôt que d'y pénétrer, vous verrez juste ce qui apparaît au bout du tube et ne pourrez apercevoir tout ce qu'il y a autour et derrière.

Il vous faut donc apprendre à diriger le tube dans toutes les directions, et pour ceci utiliser votre volonté. Si vous choisissez de pénétrer à l'intérieur du tube pour entrer dans votre vision, vous n'avez évidemment pas à l'orienter ainsi. Une autre méthode encore consiste à fixer la boule de cristal pour recevoir des impressions ou des images mentales. C'est comme un sens très fort qui s'éveille au fond de vous. Ne les jugez pas immédiatement, notez juste ce qui vous a impressionné — même légèrement — et dites-le à une autre personne, enregistrez-le sur un magnétophone ou pensez-y; ne rejetez rien sous prétexte que ce n'est pas important. Vos impressions vont devenir plus fortes si vous prenez l'habitude de les exprimer.

Comme pour tous les autres travaux, plus vous écoutez votre intuition et vous basez sur elle, plus elle se renforce. En travaillant avec une boule de cristal, vous construisez un système musculaire psychique. Comme tout système musculaire, plus on le sollicite, plus fort et plus fiable il devient. Plus vous arrivez à rapporter les images mentales qui vous viennent et les impressions intuitives que vous recevez, plus vous devenez précis.

Faites le point des résultats que vous obtenez; sans vous juger, vérifiez votre précision. Ayez un cahier où vous pourrez inscrire vos progrès. En devenant plus précis, vous aurez plus confiance en vous-même et, par la même, arriverez à lire encore plus facilement dans votre boule de cristal.

A. LIRE DANS UNE BOULE DE CRISTAL (1)

1) Faites le noir dans la pièce où vous êtes; posez la boule de cristal sur une surface sombre ne reflètant aucune lumière qui puisse vous distraire. Allumez une bougie ou toute autre source de lumière qui puisse illuminer la boule. Elle peut éclairera l'intérieur du cristal si elle est en-dessous; vous pouvez aussi la placer derrière le cristal, ou derrière vous pour qu'elle n'y projette aucun reflet.

2) Asseyez-vous confortablement, le dos droit. Garder le dos droit vous permet de canaliser toute l'énergie qui passe dans votre corps lorsque vous pratiquez vos lectures. Reliez-vous à la terre, apaisez votre mental. Purifiez la boule de cristal avant de vous en servir, en pratiquant des fumigations ainsi que nous vous l'avons indiqué, puis chargez-la en utilisant au choix l'une des deux méthodes suivantes :

a) tenez la boule et frottez-la avec vos deux mains. Focalisez votre attention sur elle en inspirant profondément par le nez. Sur l'inspir, sentez vous inhaler la vitalité de la boule de cristal, mélangez-la à votre propre vitalité, à l'intérieur de votre corps; sur l'expir, videz totalement l'air par votre bouche en le dirigeant vers la boule, lui envoyant ainsi la force vitale de votre corps qui va se mélanger avec celle du cristal. Visualisez et sentez cet échange et cette jonction des deux forces. Continuez, jusqu'à ce que vous sentiez que vous vibrez en harmonie avec le cristal et que la boule vibre et vit.

b) Tenez la boule de cristal et frottez-la avec vos deux mains. Remettez la boule sur son support en maintenant votre focalisation. Pointez ensuite un cristal de quartz à terminaison simple ou une pointe de cristal vers la boule, à la distance qui vous semblera la plus adaptée pour établir la connexion entre les deux. Lorsque vous sentez cette connexion subtile entre le cristal et la boule, commencez à tourner le cristal dans le sens des aiguilles d'une montre, maintenez bien la connexion entre les deux cristaux. Bientôt vous aller sentir la boule de cristal pulser. Lorsque cette pulsation sera forte, vous pourrez poser votre cristal et passer à l'étape suivante.

4) Diffusez votre regard.

5) Trouvez un endroit dans la boule qui vous attire particulièrement et portez-y toute votre attention. Regardez-le alors plus en détail. Laissez en repos votre intellect et soyez ouvert à toute impression. N'ayez aucune idée préconçue, n'émettez aucun jugement. Demeurez détendu, ouvert et concentré.

6) Regardez à présent cet endroit encore plus en détail. Ce faisant, il se peut que vous vous sentiez tendu. Si ceci se produit, inspirez profondément et détendez-vous en expirant, jusqu'à ce que vous ayez relâché votre tension.

7) Continuez à fixer cet endroit particulier, en voyant de plus en plus de détails. En regardant ces minuscules détails, vous allez sentir que la boule devient plus grosse. Plus vous perdez la notion de

vous-même et êtes seulement conscient du détail sur le cristal, plus la boule vous semble grossir. En regardant, sentez-vous devenir comme si vous n'aviez plus de contours, plus de limites; perdez la conscience que vous avez de vous-même et ne soyez présent qu'à la boule de cristal.

8) Vous pouvez à ce point fermer les yeux si vous le désirez. Si vous sentez qu'ils se ferment, laissez faire et continuez de vous sentir comme entouré par le cristal. Si vos yeux demeurent ouverts, faites de même. Qu'ils soient ouverts ou fermés, vous atteignez un stade où il n'y a plus aucune différence entre vous et le cristal. Il n'existe plus que le cristal et ce que vous voyez. Vous êtes à présent dans un état de conscience altéré, en transe.

9) Vous pouvez alors vous sentir comme poussé à faire quelque chose, respirer d'une certaine façon, diriger l'énergie selon un schéma particulier dans votre corps, ou utiliser le cristal d'une manière différente. Faites-vous confiance et laissez vos impulsions vous guider. Votre corps peut presque involontairement adopter certaines positions : laissez faire. Vous émettez peut-être des sons : sentez-vous libre de le faire, mais il n'est pas non plus nécessaire de forcer les choses à être ainsi. Une lecture réussie ne dépend absolument pas de ces occurrences.

10) Posez à présent les questions spécifiques, ou faites appel à votre volonté pour vous guider vers les endroits particuliers que vous voulez voir. Si vous n'avez pas de question précise, référez-vous mentalement à l'objet plus général de votre présente lecture. Laissez aller et venir les impressions qui vous arrivent. Ne vous y arrêtez pas mais communiquez-les à une autre personne ou entregistrez-les sur un magnétophone. Laissez s'écouler en vous ces impressions. Continuez à communiquer ce que vous voyez jusqu'à ce que vous sentiez que c'est terminé.

11) Lorsque vous avez terminé, restez avec le cristal quelques minutes. Relâchez toute tension. Vous allez vous sentir comme si vous flottiez à l'intérieur de la boule de cristal. Diverses impressions peuvent arriver, regardez-les juste passer. Dans cet espace résident toutes les possibilités, toute l'assistance, toute la connaissance et toute la sagesse.

12) Après avoir profité de cet espace un moment, commencez lentement à sortir de la boule; sentez les contours de ce qui vous environne, tout en continuant à fixer la boule. Ayez une sensation de retour, alors que vous devenez de plus en plus conscient des limites de la boule. Si vous aviez suivi une certaine route à l'intérieur du cristal, refaites-la en sens inverse. Continuez, jusqu'à ce que vous puissiez voir la boule en face de vous. Prenez conscience de la surface sur laquelle vous êtes assis, puis de votre respiration. Si vos yeux sont ouverts, ramenez-les de la vision diffuse à la vision normale; s'ils étaient fermés, ouvrez-les lentement. Étirez-vous et secouez-vous un peu, jusqu'à ce que vous vous sentiez totalement revenu sur terre, dans votre vie quotidienne.

13) Reliez-vous à la terre, purifiez ensuite votre boule, l'autre cristal et la pièce dans laquelle vous êtes, sans vous oublier.

14) Si vous voulez, recouvrez la boule d'un tissu ou mettez-la dans un sac. Rangez-la à une place spéciale.

Lorsque vous fixez une boule de cristal et communiquez ce que vous voyez, vous êtes dans ce processus un véritable instrument : votre bouche dit automatiquement ce que vous voyez, sans que vous soyez personnellement impliqué. Votre conscience n'est pas centrée sur ce que vous dites. Alors que vous parlez, il peut se produire une tendance à vouloir intellectualiser : si vous le faites, vous vous réveillez de la transe. Si vous continuez de parler alors que vous n'êtes plus en transe, vos informations ne seront plus exactes. Pour vous en préserver, ne jugez jamais ce que vous dites. Si votre pensée s'évade ou si vous commencez à écouter ce que vous dites, ramenez votre pensée à la vision dans votre boule.

Vous pouvez parfaitement savoir si vous intellectualisez car vous perdez instantanément votre vision. Si vous la perdez totalement, recommencez le processus d'entrée dans la boule, voyez et communiquez tout ce qui vous apparaît, que ceci ait ou non un rapport avec ce dont vous parliez auparavant.

Lorsque vous faites ce travail pour la première fois, il peut vous être difficile de choisir parmi toutes les impressions que vous recevez pour pouvoir vous focaliser seulement sur celles qui s'appliquent à votre propos. Si vous commencez à vous sentir confondu par un grand nombre d'impressions qui vous semblent n'avoir pas de rapport, concentrez-vous davantage sur votre but ou sur les questions particulières qui demandent réponse. Avec une forte concentration, vos impressions et vos visions vont refléter plus précisément ce qui vous intéresse. Jusqu'à ce que ce soit clair, choisissez de ne communiquer que celles qui intuitivement vous semblent relever de votre objet.

Au cours de la première méthode de lecture dans une boule de cristal, vous receviez et communiquiez les impressions intuitives qui vous parvenaient par l'intermédiaire de la boule. La méthode qui suit va d'abord expliquer le processus de la vision réelle et, ensuite, montrer comment l'on utilise le « tube astral » pour voir et entrer dans sa vision. Cette technique du tube astral sert aussi de moyen pour entrer et participer au niveau du plan astral. La boule de cristal sert de passage par lequel vous pouvez aller et venir entre les plans physique et astral, via le tube astral.

B. LIRE DANS UNE BOULE DE CRISTAL (2)

Commencez par suivre les étapes 1 à 6 du premier exercice, puis passez à l'étape suivante.

7) A ce point, la boule semble devenir grisâtre ou nuageuse.

8) En continuant à vous concentrer et à fixer ce gris ou ces nuages, vous allez apercevoir devant vous une ouverture circulaire claire. De l'autre côté de cette ouverture, il y a une vision qui contient l'information que vous cherchez. Enregistrez cette information. Si vous voulez en savoir davantage, faites appel à votre volonté pour entrer par cette ouverture. Dirigez-vous vers elle.

9) En avançant vers elle, vous voyez qu'il y a comme un long couloir ou un tube qui se prolonge loin devant.

10) Par votre volonté, entrez dans le couloir ou dans le tube. Allez jusqu'au bout et sortez dans votre vision.

11) Vous serez alors conscient, et capable d'opérer sur l'un des plans éthériques, probablement le plan astral. Par votre volonté toujours, promenez-vous en ces lieux ou agissez dans cet environnement, comme nous vous l'avons décrit dans le chapitre sur le plan astral.

12) Exprimez verbalement ce que vous voyez. Si vous avez pu maintenir continuellement votre focalisation sur votre but ou sur votre question, ce que vous allez voir les concernera.

13) Il est préférable d'avoir un magnétophone ou de prévoir qu'une autre personne écoute et enregistre ce que vous dites, à moins que vous ne sachiez très bien rester conscient sans faillir lorsque vous passez d'un plan à l'autre. Il est fréquent d'avoir des périodes de « black-out » ou de perte de mémoire lorsque l'on revient du plan astral au plan physique (ceci vous est expliqué plus en détail dans le chapitre sur le rêve).

14) Lorsque vous êtes satisfait de ce que vous avez vu, ou lorsque ce que vous avez fait est suffisant, souvenez-vous de l'ouverture, de ce couloir ou de ce tube par lequel vous êtes arrivé dans ce plan.

Utilisez votre volonté pour revenir à cet endroit. Engagez-vous dans l'ouverture et refaites le chemin inverse de celui qui vous a amené jusque là.

15) Voyez, à la fin de ce couloir ou de ce tube, cette ouverture dans le gris ou dans les nuages que vous aviez remarquée auparavant. Sortez.

16) Traversez ces nuages gris. Ils deviennent de plus en plus clairs, jusqu'à ce que vous vous trouviez de nouveau dans le cristal pur.

17) Prenez le chemin de la sortie, celui que vous aviez emprunté pour entrer. Suivez-le jusqu'à ce que vous puissiez voir la boule de cristal devant vous.

18) Recentrez votre vision pour retourner à la normale. Prenez conscience de votre respiration, puis de la surface sur laquelle vous êtes assis. Regardez la pièce, les personnes et/ou les objets qui vous entourent pour vous réorienter. Etirez et secouez vos mains, vos pieds et le reste de votre corps jusqu'à ce que vous soyez totalement revenu à un état de conscience normale.

19) Reliez-vous à la terre.

20) Purifiez votre boule de cristal et le cristal qui vous a servi à charger la boule; purifiez ensuite votre environnement, sans vous oublier.

21) Recouvrez votre boule de cristal d'un tissu ou d'un sac et rangez-la dans un endroit qui lui soit particulièrement consacré.

Pour commencer, pratiquez ces exercices pendant dix minutes seulement. Lorsque vous vous sentez capable de maintenir facilement votre concentration sur cette durée sans vous sentir fatigué ou tendu, prolongez-la de cinq minutes. Il n'y a pas de limite de temps pour procéder à la lecture dans une boule de cristal si ce n'est celle que vous imposent votre force et vos aptitudes à la concentration.

Ne soyez pas inquiet si vous ne voyez rien dans le cristal ou ne recevez aucune impression. Fixez patiemment la boule pendant le temps que vous vous êtes accordé. Certains peuvent voir dès la première fois, d'autres mettent des semaines, voire des mois. Dans de très rares cas, cela peut prendre des années. Soyez patient. La rapidité avec laquelle vous allez avoir des visions ou recevoir des impressions dépend du degré auquel vous aurez développé les qualités nécessaires. Tous les travaux métaphysiques aident à développer ces qualités qui vous permettent de lire dans une boule de cristal selon la méthode qui vous convient le mieux.

Pour accroître votre efficacité, vous pouvez porter un cristal à l'emplacement de votre troisième oeil, soit en le tenant — ce qui risque cependant de vous distraire —, soit en le maintenant par un bandeau. Le cristal va stimuler et ouvrir ce chakra, et donc augmenter vos aptitudes à « voir ». Vous pouvez aussi tenir un cristal dans chaque main pendant toute la durée de la lecture, afin d'élever les vibrations de votre corps et vous donner plus d'énergie pour maintenir votre concentration. Cette élévation des vibrations va contribuer également à ouvrir votre conscience et lui rendre accessibles les centres supérieurs, sans le concours desquels vous ne pourriez pas voir. Purifiez toujours vos cristaux avant et après chaque utilisation.

En fait, ces trois techniques ne doivent vous servir que de schéma général, de direction à suivre : chacun a sa propre et unique expérience, même si toutes tendent à se rapprocher de celle que nous vous avons décrite. Demeurez ouvert à l'éclosion de cette variation personnelle pour trouver votre technique de lecture.

14. VOIR LE PASSE ET LE FUTUR DANS UNE BOULE DE CRISTAL

On dit que l'on peut voir passé et futur dans une boule de cristal. Comment est-ce possible ? Tous les objets, pensées, émotions, événemements, etc. qui font leur apparition dans le plan physique se sont d'abord manifestés en tant que vibrations sur les plans subtils : causal, mental et/ou astral (Ceci est expliqué en détail dans le chapitre sur les corps développés).

On peut considérer la vibration existant dans le plan subtil comme l'origine de ce qui met en mouvement les événements qui vont s'ensuivre dans le plan physique : lorsque vous voyez dans le futur, vous sentez ou voyez cette vibration subtile, et interprétez l'événement qui s'ensuivra sur le plan physique. Vous viserez juste dans la mesure où d'autres causes subtiles ne viendront pas interférer. De la même manière, tout ce qui se passe sur le plan physique a des répercussions sur les plans subtils et y laisse une impression. Tout, en fait, est enregistré sous forme de vibrations dans le plan akashique ou éther universel dont l'espace est empli. Lorsque vous voyez dans le passé, vous êtes sensible à ces schémas vibrationnels. On les appelle parfois « mémoires akashiques ». Lorsque vous voyez dans le passé ou dans le futur, vous ne faites dans les deux cas que vous sensibiliser aux ondes vibrationnelles ou psychiques qui précèdent ou prolongent les événements du plan physique.

15. RESOUDRE UN PROBLEME AVEC DES CRISTAUX

Souvent, au cours de vos travaux avec les cristaux ou dans votre vie quotidienne, vous rencontrez des situations ou des questions qui génèrent le doute, l'incertitude ou autre difficulté. Bref, c'est ce que l'on appelle « un problème ». En outre, plus vous êtes personnellement concerné par la situation qui a engendré le problème, plus vos difficultés sont grandes, et plus vos émotions et vos pensées conflictuelles semblent être en lutte. Bientôt il vous paraît difficile, sinon impossible, de créer en vous l'état de clarté qui vous permettrait d'entrevoir la solution à votre problème.

Pour résoudre un problème quel qu'il soit, vous devez d'abord voir exactement pourquoi sont concernées certaines émotions, certaines pensées, et quel objet elles poursuivent. Vous devez être ensuite capable de vous exclure du problème, pour pouvoir faire appel à votre gouverne supérieure. Si vous y arrivez, le problème paraît déjà moins chargé d'émotion et moins traumatisant, il devient comme une espèce de puzzle dont vous n'avez qu'à placer correctement les pièces pour le résoudre.

Les problèmes devraient pouvoir n'être que des événements ou des situations qui vont et viennent, ne vous demandant que de découvrir la réponse la plus appropriée. Ce n'est pas que vous ne soyez plus concerné par les pensées et les émotions qu'ils engendrent, mais plutôt que vous n'en êtes plus l'esclave. Si vous n'en êtes plus l'esclave, vous êtes vite capable d'éclaircir les doutes, les incertitudes et autres difficultés. Vous pouvez clairement entendre la sagesse qui repose en vous et être fixé sur ce qu'il vous faut faire.

Voici un exercice à faire avec vos cristaux de quartz qui va disperser émotions et pensées conflictuelles et faire place à la clarté nécessaire pour voir la réponse à votre problème.

A. SE DEBARRASSER DE SES PROBLEMES AVEC LES CRISTAUX DE QUARTZ

1) Asseyez-vous en un endroit tranquille où vous ne serez pas dérangé. Emportez avec vous un cristal de quartz pur. Si vous vous sentez hyperémotif, prenez un cristal fumé : il va vous relier à la terre et vous calmer. Vous devez utiliser un cristal transparent à travers lequel vous pouvez voir.

2) Centrez-vous, reliez-vous à la terre. Tenez le cristal devant vous, dans les deux mains, et regardez à travers (ne diffusez pas votre vision comme pour la lecture).

3) Dites votre problème à votre cristal; celui-ci va absorber les vibrations qui lui sont associées.

4) Purifiez ensuite votre cristal de ces vibrations : imaginez qu'elles pénètrent dans la terre où elles seront transmutées. Sentez en même temps comme vos propres vibrations s'élèvent. Votre corps peut même se sentir plus léger.

5) Purifiez votre environnement, sans vous oublier.

PARTIE III

LES INSTRUMENTS
SUR LE SENTIER DU CRISTAL

1. LE SON ET LES CRISTAUX DE QUARTZ

Tout au long de ce livre, un accent particulier a été placé sur l'utilisation du son dans les divers exercices ou techniques spécifiques au travail avec les cristaux.

Quelles sont ces propriétés qui font du son un outil si important pour accompagner les effets du cristal ? Ainsi que nous l'avons expliqué, chaque personne, chaque objet dans l'univers physique vibre à un taux particulier. Cette vibration a un son, dont l'oreille humaine ne peut entendre qu'une partie. Tout jeu de vibrations produit par une personne ou un objet physique a une palette de sons qui lui correspond. Le son, donc, est une vibration audible. Ainsi notre univers physique est-il aussi un univers de sons, dont nous pouvons entendre certains et d'autres pas. En outre, nous l'avons déjà dit, chaque plan subtil est fait de vibrations qui, elles aussi, correspondent à des sons. Comme pour l'univers physique, chaque plan subtil contient — ou est représenté par — un univers sonore qui lui correspond. Il existe un univers entier composé totalement de sons. Non seulement les vibrations correspondent à un son, mais ce son engendre lui aussi une vibration correspondante dans d'autres plans, qui crée d'autres sons.

Comme nous l'avons déjà démontré, une forme créée dans l'univers physique engendre un schéma vibratoire qui affecte successivement les vibrations de chaque plan, et y crée les formes qui lui correspondent. De même, chaque forme existant sur les plans supérieurs crée un schéma vibratoire qui affecte les vibrations du plan physique et y engendre de ce fait une forme. Un son, sur un plan subtil, a des vibrations sur ce plan qui peuvent se manifester comme formes sur le plan physique. De même, un son émis sur le plan physique affecte les vibrations des plans supérieurs, pour éventuellement y engendrer une forme.

Ainsi, de plan en plan, le son crée la forme et la forme crée le son. Vous pouvez donc comprendre que le son, comme le cristal de quartz, peut agir comme un pont entre le formé et l'informé.

On peut, comme dans le travail avec les cristaux, manipuler le son pour engendrer des changements physiques; on peut également l'utiliser consciemment pour se relier aux plan astral, mental et autres niveaux supérieurs. Vous voyez combien il peut être efficace de combiner l'utilisation du son à celle des cristaux. Avant de pouvoir consciemment travailler avec les sons, vous devez être à même de les entendre. Il vous faut ensuite améliorer votre connaissance des attributs de chacun d'eux. L'univers des sons est en grande partie inaccessible à l'oreille humaine; il est essentiellement composé de sons subtils dont une petite partie se manifeste sur le plan physique.

Comment peut-on travailler avec les sons lorsque l'on n'en entend qu'une petite partie ? Comment peut-on entendre un son subtil ? Le son que nous entendons est le son physique de notre environnement, et il a sa contrepartie subtile. Pour travailler avec les sons subtils, vous devez donc d'abord vous familiariser et travailler avec les sons physiques d'une certaine façon, pour pouvoir comprendre et commencer à sentir les sons subtils. Vous pouvez éventuellement vous entraîner à entendre ce qui existe en vous et tout autour de vous. Ces sons subtils, qui emplissent tout l'espace, sont parfois appelés « courants sonores ». Exactement de la même façon que vous développez votre oeil intérieur pour voir ou sentir ce qui relève des plans subtils, vous pouvez exercer une oreille intérieure pour entendre les sons subtils. En travaillant avec les cristaux et le son, vous développerez cette oreille intérieure grâce à laquelle vous allez bientôt entendre ces sons, et devenir plus conscient des plans subtils qu'ils représentent.

Dans vos travaux, vous utilisez le son audible, physique, pour changer les vibrations subtiles qui, en retour, affecteront le plan physique. Cristal et sons vont amplifier mutuellement leurs effets. Si, par exemple, vous voulez changer un environnement désorganisé en un environnement harmonieux, vous visualisez — ou vous vous concentrez sur — l'harmonie, tout en émettant le son qui lui correspond dans l'environnement. Ce son va y générer des vibrations d'harmonie et, de ce fait, un état d'harmonie. L'intention que vous lui ajoutez donne à la vibration créée suffisamment de puissance pour qu'elle soit beaucoup plus forte que les vibrations indésirables. Les nouvelles vibrations sonores surpassent et transmutent les autres. Plus l'intention est forte derrière le son, plus rapides et efficaces sont les changements.

Vous pouvez facilement vous servir de vos cristaux dans ce processus, car les mécanismes de leur travail sont très semblables à ceux des sons.

Le son et le cristal se renforcent réellement l'un l'autre, et combinent leur efficacité. Vous pouvez travailler avec des sons et des cristaux de la façon qui suit : décidez de ce que vous voulez accomplir avec votre cristal, choisissez alors le ou les sons qui semblent correspondre le mieux à votre objectif. Créez ce son et envoyez-le dans le cristal, en utilisant votre volonté pour le faire sortir ensuite, amplifié, par le sommet du cristal afin qu'il fasse son oeuvre. A moins que vous ne désiriez le conserver dans le cristal : dans ce cas, il va faire vibrer le cristal au taux qui lui correspond, et le cristal va pouvoir affecter tous ceux qui vont être mis en contact avec ces vibrations particulières. Vous pouvez travailler activement avec votre cristal en programmant le son pour un usage ultérieur, ou bien en vous contentant de le laisser dans un environnement où il émettra en permanence les vibrations enregistrées. Vous pouvez aussi le porter ou le faire porter, et il affectera de la même façon celui qui le gardera ainsi sur lui.

Il existe de nombreuses techniques anciennes d'utilisation du son qui étaient destinées à guérir le corps, à changer les conditions de l'environnement physique, et à développer la conscience des plans subtils. Ces techniques étaient réservées aux chamans, aux guérisseurs, aux guides spirituels et à leurs élèves. L'information est à présent beaucoup plus répandue, car un plus grand nombre d'entre nous devient capable de l'utiliser de façon constructive et consciente.

Hormis la voix, les instruments traditionnellement utilisés pour faire ce travail avec le son sont les tambours, les crécelles,

les cloches, les gongs, les cymbales, les flûtes, les instruments à bourdon comme les cythares. Chaque instrument donne très précisément la réplique du son prédominant créé par les vibrations qui prévalent sur un plan subtil particulier. En vous concentrant sur l'un de ces instruments, vous allez commencer à vibrer en harmonie avec lui et avec le plan subtil qu'il représente, dont vous allez devenir plus conscient.

Chacune des parties de vos corps physique et subtils est représentée par un son particulier; ceci n'est pas seulement vrai pour votre corps mais l'est également pour chaque corps ou chaque forme dans l'univers. Un corps peut — en partie ou entièrement — être énergétisé ou désénergétisé lorsque la voix ou un instrument émet ce son.

On utilise parfois la voix ou les instruments seuls lors du travail avec les cristaux et les sons. Souvent, cependant, on les combine pour effectuer un changement particulier dans le corps et/ou dans la conscience. La combinaison peut aussi créer des harmoniques que ne pourrait émettre tout seul un instrument ou une voix. Les harmoniques peuvent être particulièrement efficaces pour créer un changement.

Ce n'est pas seulement le son propre à l'instrument qui est important, mais aussi le rythme sur lequel on le joue. Dans le rythme, ce n'est pas seulement le son qui importe, mais aussi l'espace entre les sons. Le rythme peut représenter la respiration et/ou les battements du coeur. En l'ajustant, vous pouvez changer celui de la respiration et/ou celui des battements du coeur, et entraîner par conséquent des transformations qui lui correspondent au niveau du corps, de l'émotion, de la pensée ou de la conscience.

Chaque plan (astral, mental, causal, etc.) a son propre rythme caractéristique que l'on peut reproduire pour permettre de respirer ou de pulser en harmonie avec lui. On peut par là même devenir conscient sur ce plan et peut-être déjà y oeuvrer.

En travaillant avec les sons, vous allez vous rendre compte que le volume du son est tout aussi important que le ton et le rythme. Chaque plan subtil et chaque courant d'énergie ont leur propre volume de son particulier. Lorsque la conscience passe par différents niveaux, la dynamique du son qui l'accompagne s'accorde à chacun d'eux.

Hormis ce travail avec des tons, des rythmes et des volumes spécifiques, vous pouvez travailler avec un système de sons, traditionnellement appelé « semence de sons ». Ces sons sont basés sur la voix humaine et sont les racines de base qui président à tout langage. Chaque consonne, chaque voyelle crée une vibration liée à un courant d'énergie subtile, localisée dans le corps et ayant sa correspondance dans les plans subtils. Par exemple, la voyelle « A » correspond au vortex d'énergie subtile du centre du Coeur et à l'élément éthérique air. Donc, l'utilisation du son « A » vous éveille à la conscience de ce plan subtil qui correspond le plus au centre du Coeur. Vous attirez en outre en vous cet élément air qui vous affecte en conséquence.

Ces semences sonores ont été utilisées dans les paragraphes de ce livre qui traitent de l'ouverture des chakras et de la guérison. Combinées à d'autres pour donner des mots ou des groupes de mots, elles produisent des effets spécifiques sur nos corps physique et subtils, tout en éveillant notre conscience aux plans supérieurs. On les appelle alors « mots chargés » ou « mantras ». Les mantras « RAM », « SAT », « NAM », « RAMA » et « WAHE GOUROU » vous ont été donnés pour augmenter l'efficacité de nombreux exercices dans ce livre. Mantras et semences de sons ne sont pas seulement à dire à haute voix, mais doivent être aussi répétées intérieurement pour ouvrir l'écoute subtile. Ils sont souvent plus efficaces lorsqu'on les entend avec l'oreille intérieure.

Donc, en travaillant avec le son, nous pouvons nous appuyer sur le ton, le rythme, l'instrument, la semence et le mantra. Une combinaison adroite de tous ces aspects du son dans la musique, avec l'intention de créer guérison, élévation de conscience ou autres effets, donne ce que l'on appelle « la musique chamanique ».

Les deux cassettes « Helios » et « Vakan Tanka »(*) en sont un exemple. Elles vous permettront d'expérimenter la musique chamanique et peuvent être utilisées de concert avec tous vos travaux à base de cristaux. « Helios » s'appuie essentiellement sur les gongs et les cloches. « Vakan Tanka » utilise une combinaison de tambours, crécelles, cloches, gongs, synthétiseur, instruments bourdons de l'Est et voix. Ces deux cassettes sont de puissants outils chamaniques qui peuvent soutenir vos travaux : elles vont les énergétiser et apporter une stimulation sonore qui étendra votre conscience aux plans subtils supérieurs. Elles vous seront utiles, tant pour la guérison que pour la visualisation, la lecture dans une boule de cristal et pour la fixation des cristaux.

Ceci est un bref tour d'horizon de la façon dont on peut utiliser le son. Il existe de nombreuse méthodes, tout comme pour les cristaux. Vous pouvez mémoriser l'une ou plusieurs d'entre elles. Cependant, comme avec les cristaux, il vaut mieux travailler avec celle qui sera issue de votre propre expérience.

Avec la contemplation, l'expérience et la pratique, vous pouvez arriver à une compréhension personnelle du son. Pour commencer à le comprendre vraiment, il vous faut pouvoir calmer votre mental, le focaliser, vous concentrer et écouter votre voix intérieure en expérimentant le son. Plus vous êtes conscient de votre moi intérieur, plus vous pouvez l'être des sons subtils. En étant plus habitué à une utilisation du son basée sur votre propre expérience, vous pouvez commencer à chercher et à essayer divers systèmes anciens, puis employer ceux qui marchent pour vous.

Comment choisir le son à utiliser pour chacun de vos travaux ? Quelles sont exactement les techniques avec lesquelles vous pouvez commencer à oeuvrer avec son et cristaux ? En voici deux qui répondront à ces questions.

Ainsi que nous l'avons expliqué, chaque son physique et sa contrepartie subtile crée certains effets sur les plans physique et subtils. Lorsque vous utilisez le son dans vos travaux avec les cristaux, vous devez savoir choisir celui qui correspond aux effets que vous voulez produire. Vous devez également savoir s'il est besoin de le jouer ou de le chanter, fort ou faiblement, et sur quel rythme.

Pour le savoir, il suffit que vous écoutiez votre voix intérieure ou votre intuition, exactement comme lorsque vous utilisez les cristaux. Le fait de vous développer pour arriver à bien travailler avec les cristaux va également accroître votre aptitude à entendre les sons et à les utiliser.

L'exercice qui suit va éveiller vos aptitudes intuitives à entendre les sons et à en connaître les effets physiques et subtils.

Vous saurez alors quand et comment utiliser chacun d'eux. Comme toujours, plus votre mental sera clair et votre concentration focalisée, meilleurs seront vos résultats lorsque vous travaillerez sur le son.

A. EXERCICE SUR LE SON (1)

1) Placez un cristal dans chacune des quatre directions cardinales. Asseyez-vous au centre et visualisez un cristal au-dessous de vous et un autre au-dessus de votre tête. Vous pouvez, si vous le désirez, en tenir un dans chaque main. Placez-en un également sur votre gorge et/ou sur votre troisième oeil. Prenez un tour de cou ou un bandeau.

Ceci va vous aider à rassembler l'énergie nécessaire pour vous focaliser clairement et vous concentrer sur chaque son et sur ses effets. Vos aptitudes à être conscient des sons subtils qui accompagnent les sons physiques en seront également accrues.

2) Centrez-vous, reliez-vous à la terre. Calmez et éclaircissez votre mental. Pour ce faire, employez les techniques que nous vous avons indiquées dans ce livre.

3) Fermez les yeux. Ne les focalisez sur rien en particulier mais, au cours de cet exercice, ils pourront naturellement converger vers le centre du troisième oeil. S'il en est ainsi, gardez cette focalisation.

4) Trouvez la note que vous pouvez chanter le plus facilement et le plus confortablement, celle qui vous fait vous sentir très bien (c'est votre note de base).

Quelle est-elle ? Concentrez-vous sur elle profondément, et tenez le ton aussi longtemps que vous pouvez le faire sans effort. En chantant cette note, remarquez ses effets sur vos divers chakras. Lequel de vos centres énergétiques vous semble le plus profondément affecté ? Quel est l'effet que vous ressentez sur ce centre ? Comment cela affecte-t-il votre corps ? Y a-t-il quelque partie de votre corps qui soit plus touchée que d'autres ? Comment est-elle touchée ?

5) A quelle sorte d'énergie ou force vitale ce son semble-t-il faire appel ?

6) Concentrez-vous sur vos émotions en continuant de chanter cette note. Quelle réponse émotionnelle semble-t-elle créer ? L'effet vous semble-t-il être permanent ?

7) Focalisez-vous ensuite sur votre état mental en gardant toujours le ton. Comment semble-t-il affecter votre état mental général ? Engendre-t-il des pensées ou des images particulières ?

8) Ce son semble-t-il vous donner de l'énergie supplémentaire ? Quel type d'énergie ? Vous sentez-vous calmé ou, au contraire, excité ?

9) Jusqu'à quel point semble-t-il vous mettre dans un état harmonieux ou enthousiaste (vous pouvez noter de 1 à 10 — 10 étant le maximum de l'enthousiasme) ?

10) Dans quelle mesure ce son guérit-il ?

11) Faites ensuite l'expérience de la dynamique du son. Que se produit-il si vous le chantez doucement ? Quel changement remarquez-vous en le chantant progressivement de plus en plus fort ?

12) Expérimentez le rythme : essayez différentes cadences. Notez toutes les variations d'état qui en découlent. Quel rythme vous semble le mieux convenir à ce son ?

13) Passez aux différentes semences sonores. Chantez chaque voyelle et notez les différentes sensations qu'elles provoquent. Quelle est la voyelle qui semble le mieux s'adapter à votre note ?

14) Continuez cet exercice en changeant de note (la meilleure façon est de faire monter votre note de quart de ton en demi-ton et en ton entier, sur toute la gamme, puis de la faire redescendre de la même manière).

En vous focalisant sur chacune des notes, posez-vous les mêmes questions que précédemment. Couvrez autant de tons que vous voulez. Se dégage-t-il quelque tendance générale lorsque vous chantez progressivement plus haut ou plus bas ? Après avoir travaillé avec le ton et la semence, essayez divers instruments. En vous servant encore une fois de vous comme d'un laboratoire, posez-vous toutes les questions déjà abordées, auxquelles vous ajouterez celles qui peuvent vous venir à l'esprit.

15) Asseyez-vous avec une ou plusieurs sortes de tambours. Commencez à en battre un, sur un rythme spécifique qui convienne particulièrement. Posez-vous toutes les questions précitées, hormis la treizième, que vous remplacerez en vous demandant quelle est la meilleure façon de jouer du tambour pour chacune des semences sonores. Comment vous sentez-vous en combinant sons et tambour ?

16) Après les tambours, essayez les crécelles, les gongs, les cloches, les cymbales, les flûtes, etc. Si vous ne pouvez vous en procurer, trouvez des enregistrements et faites vos investigations du mieux que vous pouvez.

17) Lorsque vous avez terminé vos exercices, purifiez vos cristaux et rangez-les. Purifiez la pièce où vous avez travaillé, sans vous oublier. Reliez-vous encore une fois à la terre.

N'écoutez et n'expérimentez qu'un ou deux sons à chaque fois, ou autant que vous le permet votre concentration. Si vous vous fatiguez, vous ne serez pas capable d'entendre aussi bien et ne pourrez pas pousser vos investigations aussi loin et aussi justement. Ce processus prend du temps et ne peut être exécuté efficacement en deux ou trois jours. Soyez patient. Le but de vos

recherches n'est pas la rapidité, mais la profondeur et l'efficacité.

En faisant ces exercices, vous allez développer vos aptitudes
à être automatiquement conscient des effets de tout son entendu,
sur vos corps physique et subtils, au moment même où vous les
percevez. Ceci va vous permettre de jouer de la musique chamanique et d'utiliser les sons pour guérir, changer la conscience
et d'autres affects physiques et subtils, tant sur vos corps et votre
environnement que sur ceux d'autrui.

La pratique de ce premier exercice va vous apporter une
certaine maîtrise dans le travail à base de sons et de cristaux,
aussi longtemps que vous utiliserez votre oreille intérieure plutôt
que votre oreille intellectuelle et/ou analytique. Cette maîtrise va
vous permettre d'employer le son plus précisément, plus consé-
quemment, plus efficacement. Il est néanmoins possible d'obtenir des résultats en vous contentant de vous fier à votre intuition
pour chaque situation particulière, sans que ne soit nécessaire
une expérience issue de la pratique de ce premier exercice. Vos
résultats seront cependant moins spécifiques et moins fiables.

Nous allons à présent vous expliquer comment choisir le
son qui conviendra à une situation particulière, en y joignant
quelques techniques spécifiques basées sur l'utilisation des
cristaux.

B. UTILISER LE SON
POUR AMELIORER LE TRAVAIL
AVEC LES CRISTAUX

1) Choisissez le travail que vous voulez accomplir
avec vos cristaux.

2) Appliquez la méthode d'utilisation des cristaux
qui convient le mieux au but que vous vous êtes fixé.

3) En vous servant du cristal pour cette situation
particulière, sélectionnez intuitivement le son qui
vous semble le mieux adapté à votre travail. Si par
exemple, vous avez opté pour une technique de

guérison, focalisez-vous sur la guérison comme si elle était déjà effective. Quel son ou quel jeu de sons vous semble correspondre le mieux à cet état de guérison ?

4) Chantez-le ou jouez-le sur un instrument.

5) Envoyez le son dans le cristal, qu'il va traverser pour sortir par sa pointe. Ceci va augmenter les effets du cristal.

6) Vous pouvez aussi programmer votre cristal avec un son en envoyant ce dernier dans le cristal sans qu'il le traverse, et en l'y enfermant si vous le désirez, en utilisant la technique que nous vous avons indiquée pour la programmation des cristaux. Votre cristal, alors, va irradier les vibrations qui correspondent au son, jusqu'à ce que vous le purifiez. La personne à qui vous le destinez peut le porter ou le garder dans son environnement.

7) Une fois vos travaux terminés, purifiez vos cristaux, pour les dégager de toute vibration résiduelle aussi bien que de tout ce que vous pouvez avoir peut-être attiré dans la pierre.

Comment choisir le son à utiliser ? Si vous avez fait l'exercice 1, référez-vous à l'expérience que vous avez acquise et à votre intuition pour déterminer celui qui vous semble le mieux adapté à la situation. Si vous n'avez pas fait cet exercice, choisissez intuitivement ce qui convient dans l'immédiat. Quoi qu'il en soit, appuyez-vous finalement sur votre intuition. Une fois le son choisi, abandonnez toute idée de jugement ou de sentiment et servez-vous en; continuez à l'utiliser, avec des variations si nécessaire, jusqu'à ce que vous sentiez qu'il est temps d'arrêter. Vérifiez plus tard vos résultats dans l'univers physique.

2. FORMES GEOMETRIQUES
ET CRISTAUX DE QUARTZ

Chaque forme géométrique émet des schémas d'énergie vibratoire correspondants dans les plans subtils et, par connexion, dans le plan physique. Certains attributs, certaines activités, certains pouvoirs sont activés par les schémas énergétiques générés par ces formes géométriques. L'on peut s'en servir pour travailler avec les cristaux et ajouter à leur efficacité.

Quelles sont les formes géométriques qu'utilise le plus couramment la tradition ? La plus connue est le cercle, souvent associé à la protection et au centrage; il représente — ou donne — un sentiment d'infini ou de cycles de transformation sans fin. Le cercle blanc dans certaines traditions représente l'élément éthérique.

Le carré est aussi très connu. On l'utilise pour invoquer les pouvoirs dans les quatre directions cardinales : l'Est représente traditionnellement l'illumination spirituelle; on lui associe la couleur jaune. Le Sud correspond à la mort, à la fin, au changement; sa couleur est le rouge. A l'Ouest sont dévolus les grands mystères, le vide, l'inconnu; il est figuré par la couleur noire. Le Nord est le point de la guérison et sa couleur est le blanc.

Si vous travaillez avec six directions, le bleu correspond au ciel au-dessus de votre tête, et lui sont conférées toutes ses énergies; la terre et ses énergies sont quant à elles figurées par la couleur verte. Dans certaines traditions, le carré jaune représente l'élément Terre.

Le triangle est courant lui aussi. Rouge, il est représente l'élément Feu. Il est aussi l'image de la trinité. Par son sommet, on peut envoyer des messages. Le croissant de lune, avec ses aspects féminins, ou le croissant blanc représentent l'élément Eau; on les rencontre aussi souvent. L'étoile à cinq branches figure les cinq éléments ou l'homme accompli. L'étoile à six branches reflète l'union du spirituel et du matériel, de l'homme et de Dieu.

Nombreux sont les listes et les systèmes afférant à la géométrie sacrée. Pour vous en servir dans vos travaux, vous devez avoir une connaissance de leurs énergies non seulement intellectuelle mais surtout expérimentale. La meilleure façon de connaître l'énergie associée à un espace géométrique est de l'établir et de sentir intuitivement ce qu'il engendre.

Comment mettre en place cet espace ? Il existe de nombreuses méthodes basées sur l'utilisation des cristaux de quartz et des visualisations focalisées. Lorsque l'on fait appel à la visualisation, on crée sur les plans mental et astral une forme-pensée de l'objet visualisé que modèlent la clarté et la force de la focalisation. Comme nous l'avons déjà expliqué, une forme-pensée ordonne des schémas énergétiques mentaux et astraux qui affectent de la même façon le physique (qu'une forme physique soit ou non créée). Les cristaux de quartz peuvent amplifier ces schémas énergétiques sur les plans astral et mental et les faire vibrer plus intensément. En retour les résultats physiques de la création géométrique sont plus forts et plus efficaces.

Suit un exercice qui montre comment travailler avec des cristaux de quartz pour mettre en place des espaces géométriques et tester leur puissance. Nous utilisons dans cet exemple le carré, et la même technique peut être appliquée à toutes les autres formes.

Vous avez besoin pour cet exercice de quatre cristaux de quartz de bonne taille, d'une pointe de cristal et éventuellement d'un ou deux autres cristaux, de taille et énergie identiques. Pour commencer, vous aurez intérêt à utiliser des cristaux clairs plutôt que des quartz fumés ou des améthystes, pour que les couleurs violette ou marron ne vous limitent pas dans votre travail. La pointe de cristal doit avoir une terminaison simple et non double.

A. VISUALISER
UN ESPACE GEOMETRIQUE

1) Avant toute chose, installez-vous tranquillement en un endroit où vous ne serez pas dérangé. Etalez devant vous les cristaux que vous allez utiliser, asseyez-vous de façon à être détendu, le dos droit, et commencez à respirer par le nez, longuement et profondément. Emplissez doucement et complètement vos poumons, puis videz-les. Laissez

vos pensées aller et venir paisiblement, sans vous attarder sur l'une d'elles. Soyez attentif à votre respiration. Si vos pensées vagabondent, laissez tomber ce qui vous passe dans la tête et ramenez votre attention sur votre respiration. Bientôt, vous allez vous sentir détendu, et votre mental va devenir calme et clair.

2) Détachez votre attention de votre respiration, tout en conservant calme et clarté. Vous allez mettre en place le carré, autour de vous de la façon suivante : visualisez autour de vous un carré dont la taille vous convient. Vous êtes au centre. Maintenez votre visualisation en prenant le premier cristal et placez-le au coin de droite de votre carré imaginaire.

3) Prenez un deuxième cristal et mettez-le à l'autre coin, derrière vous.

4) Poursuivez en plaçant les deux derniers cristaux sur les deux autres coins. Pointez-les vers la direction qui vous attire. Vous pouvez aller dans le sens des aiguilles d'une montre ou dans le sens inverse, comme vous voulez.

5) En vous tenant ensuite au centre du carré, faites usage de votre pointe de cristal à terminaison simple pour « matérialiser » une ligne diagonale d'énergie qui parte de chacun des coins et les connecte. La pointe de cristal peut servir à dessiner cette ligne de force sur le sol, à moins que vous ne préfériez la figurer à partir de l'endroit où vous êtes. Pour utiliser son énergie, voyez la couleur d'or, d'argent, violette, ou telle que vous la désirez.

6) Lorsque le carré vous semble parfait, asseyez-vous ou restez debout en son centre. Continuez à maintenir cet état de pensée clair et concentré qui vous a servi à construire votre figure géométrique.

7) Ouvrez-vous alors, et focalisez-vous sur l'énergie créée. Tenez dans chaque main un cristal de quartz qui vous aidera à vous harmoniser sur ce que

vous venez de former. Toute pensée intellectuelle exclue, notez ce que vous ressentez à l'intérieur du carré : comment se sent votre corps ? Y a-t-il quelque pensée, quelque image qui vous vienne à l'esprit et vous semble être en relation directe avec le carré ? Si vous n'avez pas programmé de couleur spécifique, quelle est celle qui vous apparaît ? Entendez-vous des sons en rapport avec cette forme ? Ressentez-vous un changement dans la température ? Notez tout; familiarisez-vous avec cette forme particulière.

8) Dans un deuxième temps, concentrez-vous sur les énergies associées aux quatre directions cardinales : d'abord tournez-vous vers l'Ouest, direction des leçons difficiles à apprendre, de ce qu'il faut surmonter, de l'inconnu. Figurez-vous le noir. Si vous voulez l'employer, utilisez votre volonté pour attirer en vous cette énergie, ou faites-en simplement l'expérience. Dans le sens des aiguilles d'une montre, tournez-vous à présent vers le Nord, direction de la guérison et du renouveau, associée au blanc. Laissez l'énergie du Nord vous purifier. Tournez-vous ensuite vers l'Est, direction de l'illumination, de couleur jaune. Demandez la lumière et écoutez tout ce qu'il vous semble entendre de votre voix intérieure. Tournez-vous finalement vers le Sud, là où l'on trouve commencement et fin, la naissance et la mort. Toutes les directions offrent leur énergie particulière, leur sagesse et leur aide; et le carré entier en fait de même.

9) Pour en finir, restez debout au centre du carré et écoutez votre voix intérieure vous indiquer les orientations, les pouvoirs, les suggestions et autres attributs que l'on peut conférer à cette forme. Ceci n'est qu'un exemple : suivez votre intuition; soyez calme, attentif, conscient. L'enseignement viendra. Servez-vous en avec sagesse.

10) Va venir l'instant où vous voudrez quitter le carré. Pour vous abstraire de cette forme, commencez par la démonter : prenez d'abord votre pointe de

cristal et défaites les lignes de force qui retiennent chaque coin du carré.

11) Ceci fait, retirez un par un les cristaux qui en marquaient les coins dans l'ordre inverse de celui où vous les aviez disposés. Placez tous les cristaux devant vous.

12) Prenez alors conscience de la pièce autour de vous. Respirez plusieurs fois profondément et expirez violemment. Vous pouvez secouer votre corps. Asseyez-vous ensuite quelques minutes pour sentir le sol ou la terre au-dessous de vous. Sentez les racines qui partent de vos pieds se prolonger profondément dans la terre.

13) Purifiez enfin vos cristaux et votre environnement, sans vous oublier, par la méthode qui vous convient le mieux. Il est bon d'enregistrer ces expériences pour pouvoir mieux les intégrer et les utiliser ultérieurement.

Vous pouvez vous servir de cette méthode pour vous familiariser avec toutes les formes géométriques que vous pouvez imaginer. A l'étape 8, tournez-vous dans autant de directions que votre forme en possède et expérimentez leurs énergies. Comme nous l'avons déjà dit, il existe de nombreux systèmes de détermination liés aux diverses formes géométriques. Il est utile de les connaître, mais seule votre propre expérience vous permettra d'être réellement efficace. Appuyez-vous sur la sagesse intérieure qui vous habite.

En travaillant dans un espace géométrique selon la méthode indiquée, vous ne vous focalisez et ne travaillez que sur une seule dimension. En réalité, toute forme a une infinité de dimensions; chacune d'entre elles s'étend indéfiniment, sur la base d'une figure engendrée par le schéma géométrique originel que vous avez créé. En d'autres termes, si vous vous tenez au centre d'un carré que vous avez créé au sol, vous êtes en fait entouré devant, derrière et de chaque côté par un carré, comme si vous étiez dans une boîte. Ce n'est pas une boîte qui se contenterait de vous envelopper avec ses six côtés comme un cube contenu dans l'espace; les lignes qui forment le carré se prolongent indéfiniment pour engendrer carré sur carré. Vous vous tenez au centre d'un univers entier de carrés que vous avez réellement créé. L'espace, l'être ou l'existence renferment tous les schémas possibles ou potentiels, comme ils contiennent toutes les dimensions. Chaque figure géométrique se prolonge dans l'espace pour créer un canevas qui duplique sans fin l'original. Tous les canevas sont contenus les uns dans les autres. Chaque grille engendre un chemin particulier dans l'espace. Ce canevas géométrique vibre selon un schéma qui lui est propre, et que vous pouvez sentir lorsque vous vous concentrez sur la forme géométrique originelle.

L'exercice que nous vous avons proposé va vous entraîner à devenir sensible aux formes géométriques. Sur cette base, en utilisant votre conscience et votre volonté, vous avez la possibilité de voyager à travers l'espace en vous servant des lignes du canevas créé par la forme géométrique originelle. La manifestation ou la dé-manifestation prennent place au centre exact du système de canevas géométriques multidimensionnels.

> *Vous êtes toujours le centre.*

3. LES COULEURS
ET LES PIERRES DE COULEUR

Dans chaque aspect de votre travail avec les cristaux, vous allez découvrir que la couleur est un outil des plus utiles. Nous pouvons ajouter cette modalité à notre travail au moyen de pierres ou autres matériaux colorés, mais également avec des techniques de visualisation. Chaque couleur a une certaine apparence qui peut provoquer des réactions émotionnelles et psychologiques particulières. Chacune d'elles a aussi son propre taux de vibration, qui peut être amplifié, conservé et transmis lorque l'on utilise un cristal. Toute couleur associée physiquement ou par visualisation avec un cristal le fait automatiquement vibrer en harmonie avec elle. Cette vibration du cristal affecte à son tour vos corps physique, éthérique, émotionnel et mental, de même que votre environnement. Ce processus peut être encore renforcé par l'intervention de votre volonté.

Il existe de nombreuses façons de travailler avec les couleurs, et de nombreuses façons d'utiliser cristaux et pierres de couleurs. Quantité des exercices indiqués dans ce livre utilisent et impliquent la couleur, en particulier dans les chapitres sur la guérison, sur les corps développés et sur les bijoux de cristal. Comme pour tout travail avec les cristaux, vous pouvez mémoriser ces méthodes et les mettre en pratique. Il est cependant plus efficace d'apprendre à vous sensibiliser à la couleur et à l'utiliser ensuite en vous basant sur votre expérience propre.

Chaque situation appréhendée avec vos cristaux est unique et vous devez lui appliquer vos propres sagesse et sensibilité intérieures pour agir de la façon la plus appropriée qui soit. Ce ne sont pas seulement vos cristaux clairs que vous utilisez différemment chaque fois, mais également les couleurs et les pierres de couleur. Si vous devez recourir à un système précis plutôt qu'à votre sensibilité, vous n'avez pas la possibilité de donner la réponse unique que nécessite chaque situation. Vous êtes obligé de travailler en termes de généralité et ne pouvez fournir de réponse spécifique. Si, par exemple, vous savez qu'une pierre verte ou rose est bonne pour le centre du Coeur, vous ne pourrez pas sentir le moment où la zone du Coeur aura besoin, pour se calmer et se rafraîchir, d'un bleu pâle; ou que les poumons, situés dans cette zone générale, seraient peut-être mieux soutenus par une couleur jaune. Au lieu de cela, vous prendrez systématiquement le rose ou le vert. Ce ne sera pas dangereux et le centre du Coeur lui-même pourra s'en trouver stimulé, mais ce ne sera pas aussi efficace que si vous aviez pu vous sensibiliser à la situation exacte et employer la couleur qui lui convenait précisément.

Lorsque vous travaillez avec les couleurs, ne soyez pas sensible uniquement aux couleurs mais appuyez-vous aussi sur leurs nuances. Chacune d'entre elles a sa qualité propre. Efforcez-vous de sentir le degré d'opacité, de brillance et de transparence des pierres colorées. En principe, plus la pierre est claire, plus sa qualité est éthérique. Une pierre plus dense est de qualité plus physique. Chaque couleur dégage un degré différent de fraîcheur ou de chaleur. Certaines ont l'air plus dures ou plus abrasives alors que d'autres paraissent plus douces et subtiles. En travaillant avec la couleur, remarquez l'infime différence entre les pierres, les objets, même s'ils ont la même apparence ou la même teinte. Ces différences ne sont pas visibles : on ne peut que les sentir.

On emploie souvent des associations de couleurs lorsque l'on travaille avec les cristaux. Ici aussi, vous devez être capable de sentir quel sera le résultat de chaque association, plutôt que de vous appuyer comme d'habitude sur votre intellect. Si, par exemple, vous combinez du jaune et du rouge, la logique veut que vous obteniez de l'orange. C'est possible; cependant l'effet du jaune et du rouge peut être tout à fait différent de celui que produit l'orange. Une pierre orange va faire travailler votre second chakra, le centre sexuel. Un grenat associé à une citrine jaune va stimuler votre premier chakra et vous relier peut-être à la terre, pendant que la citrine va affecter le Plexus Solaire. L'effet global vous permettra de créer une manifestation au niveau physique tout en restant relié à la terre. Ceci n'a rien à voir avec une stimulation du centre sexuel.

A. DEVELOPPER SA SENSIBILITE A LA COULEUR

1) En premier lieu, ne travaillez qu'avec une seule couleur à la fois.

2) Asseyez-vous ou tenez-vous debout dans une pièce calme où vous ne serez pas dérangé. Vous pouvez soit éclairer la pièce avec une lampe colorée, soit fixer un objet de couleur particulière ou un grand morceau de papier coloré.

3) Centrez-vous, clarifiez votre mental.

4) En fixant la couleur ou en la regardant tout autour de la pièce, notez ce que vous ressentez, aussi bien ce qui est évident que ce qui se passe à un niveau très subtil.

5) Posez-vous ces quelques questions :

a) Quel genre d'état émotionnel provoque en vous cette couleur ?

b) Quelles sont les pensées qui semblent lui répondre, ou dans quel état d'esprit vous met-elle ?

c) Vous sentez-vous plus excité, plus actif, ou au contraire plus calme ? A quel degré ?

d) Faites pour vous-même une description de toutes les qualités associées à cette couleur, telles que vous les ressentez.

e) Quelles sont les parties de votre corps qui vous paraissent touchées par la couleur ?

f) En vous appuyant sur ces premières observations, quelle utilisation générale feriez-vous spontanément de cette couleur ?

6) Cessez de regarder cette couleur ou éteignez la lumière. Purifiez-vous, reliez-vous à la terre.

7) Répétez ce processus plusieurs fois avec chaque couleur.

8) Faites-le avec autant de couleurs qu'il vous plaira. Travaillez ensuite avec des associations de couleurs. Sentez les relations qu'elles établissent entre elles. Donnez réponse aux questions du paragraphe 5 pour chaque association.

9) Commencez ensuite à porter des vêtements d'une seule couleur pendant un certain temps; entourez-vous dans le même temps de tout ce qui peut refléter cette couleur. Chaque jour, notez-en les effets, et notez chacune des parties de votre corps qui vous en paraisse affectée.

10) Si vous faites ceci pendant un mois, vous allez pouvoir expérimenter la totalité des effets de la couleur. Expérimentez ainsi toutes les autres couleurs.

11) Vous pouvez aussi vous sensibiliser à la couleur en portant des vêtements blancs sur une longue période (au moins 30 jours), puis en essayant

de porter des vêtements de différentes couleurs (une seule à la fois). Après avoir porté du blanc, vous allez être particulièrement sensible aux autres teintes et à leurs associations.

B. DEVELOPPER SA SENSIBILITE AUX PIERRES DE COULEUR

Le processus est très sensiblement le même que celui que nous venons de vous indiquer pour les couleurs elles-mêmes, mais lorsque vous devenez conscient des qualités des couleurs et de leurs possibilités d'utilisation, vous n'avez exploré qu'un seul des aspects des pierres de couleur : elles ont aussi des propriétés de brillance, de transparence et de taille qui doivent être prises en compte. L'exercice qui suit va vous sensibiliser aux pierres de couleur.

1) Clarifiez votre mental, centrez-vous, reliez-vous à la terre.

2) Concentrez-vous sur la pierre que vous tenez entre vos mains et posez-vous les questions suivantes :

3) Comment la couleur vous affecte-t-elle ? Répétez toutes les questions du paragraphe 5 de l'exercice précédent.

4) La pierre vous semble-t-elle fraîche ou chaude, indépendamment de sa couleur ?

5) Quelle vous semble être sa densité, et comment vous en sentez-vous affecté ?

6) Quelles sont les autres vibrations conservées par la pierre ? Portez la pierre à votre troisième oeil et focalisez-vous sur elle. Quelles sont les images qui vous viennent à l'esprit ? Quelle est l'histoire de cette pierre ? Comment vous touche-t-elle ?

7) Comment a-t-elle été taillée ? Quelles en sont les conséquences sur ses autres qualités ?

8) Votre intuition vous indique-t-elle d'autres qualités qui lui soient inhérentes ?

9) Posez la pierre, reliez-vous à la terre, purifiez-vous.

Gardez une trace de vos observations : vous pourrez vous y référer et en faire usage ultérieurement. Vous noterez ce qui, en général, semble se maintenir et se révéler vrai systématiquement. D'autres observations ne seront appliquables qu'à une seule pierre ou à une seule situation.

Ces derniers exercices vont vous apporter des informations sur les couleurs et sur les pierres colorées, mais vont également développer vos aptitudes à sentir vite, précisément et facilement leurs qualités, et l'utilisation que vous pourrez en faire dans chaque situation. Ceci va vous permettre de les employer pleinement dans vos travaux avec les cristaux.

Une fois que vous aurez développé ces aptitudes, comment allez-vous les appliquer à votre travail avec les cristaux. A la base, vous utilisez une couleur en combinaison avec un cristal de quartz pour recréer l'équilibre et l'harmonie originelle dans le corps ou la situation sur lesquels vous travaillez. La technique est la même que lorsque vous vous servez du son, ou lorsque vous projetez des états émotionnels ou mentaux et des visualisations. Vous voyez d'abord ce qui a besoin d'être transformé. Vous vous focalisez et sentez les vibrations relatives à cet état. Vous sentez la couleur qui correspond le mieux à cette vibration et utilisez ensuite votre volonté et votre concentration pour remplacer cette vibration par une vibration meilleure. Ce faisant, vous sentez quelle est la couleur qui correspond le mieux à cette nouvelle vibration et la projetez comme vous en avez l'habitude pour changer la vibration. Vous voyez mentalement la nouvelle couleur remplacer l'ancienne. Ceci va augmenter encore votre précision et accélérer le processus de changement. Si cela n'est pas clair pour vous, voici un exemple qui vous sera peut-être utile. Il s'agit de soigner des maux de tête.

C. SOIGNER DES MAUX DE TETE

1) Sentez les vibrations qui accompagnent la céphalée.

2) Visualisez intuitivement la couleur qui lui est associée.

3) Sentez ou visualisez la sensation ou la vibration d'une tête libérée de toute tension et de toute douleur.

4) Voyez quelle est la couleur qui correspond à cette nouvelle vibration.

5) Emettez l'intention forte de changer les vibrations des maux de tête par les nouvelles vibrations d'une tête sans douleur, et envoyez-la dans la tête de votre patient.

6) Visualisez la nouvelle couleur — celle d'une tête sans douleur — et envoyez-la en même temps dans la tête de votre patient.

7) Pour ce faire, vous pouvez placer une pierre de la couleur choisie sur son front, ou lui transmettre la couleur via un cristal coloré que vous tiendrez dans votre main. Vous pouvez également appliquer sur sa tête une lumière, un vêtement ou tout autre matériau de cette couleur. Au lieu d'utiliser une pierre colorée, un cristal, de la lumière ou un objet, vous pouvez vous appuyer sur la visualisation (souvenez-vous que l'efficacité de vos visualisations est fonction de votre puissance de concentration et de votre force de volonté).

8) Si vous voulez continuer de toucher cette zone sans être présent, demandez à la personne de porter la (les) pierre(s) colorée(s) directement sur son front ou à proximité de sa tête. Vous pouvez aussi programmer un cristal clair pour agir comme le ferait la couleur, et le placer sur ou près de sa tête.

9) Assurez-vous de purifier les pierres, votre patient et vous-même lorsque vous aurez terminé.

Comme vous pouvez le constater, travailler avec les couleurs et les pierres de couleur relève des mêmes principes et techniques que ceux qui s'appliquent aux cristaux clairs. Vous devez être sensible, spontané, concentré, avoir une volonté forte et vous appuyer sur votre sagesse intérieure. Bien que nous vous ayons expliqué comment choisir et employer les pierres de couleur, nous vous présentons ci-après un tableau qui va vous aider à vous mettre en train. Tout votre travail peut être effectué avec les pierres de couleur qui y sont mentionnées. Si cependant vous voulez travailler avec une autre pierre, contentez-vous de la situer dans la catégorie de la roche qui vous semblera s'en rapprocher le plus. Vous aurez ainsi une idée de quelques-unes de ses qualités. Nous avons indiqué les qualités et les utilisations générales pour chaque type de roche, de même que la partie des corps physique et subtils concernée. Chaque type de pierre peut servir pour travailler sur les emplacements correspondants, sans que ceci soit cependant limitatif : elles peuvent être appliquées sur n'importe quelle autre partie du corps pour l'influencer avec les qualités qui leur sont propres. Dans toutes les méthodes proposées précédemment, utilisez les pierres que nous vous avons éventuellement indiquées. En poursuivant votre travail avec chaque pierre, vous allez pouvoir commencer à saisir des effets plus particuliers individuellement associés à chacune d'entre elles, au-delà de ce que nous avons pu mentionner dans notre tableau. Comme nous l'avons déjà expliqué, chacune des circonstances dans lesquelles vous travaillez est différente et ce tableau ne constitue qu'un guide général. Pour apprendre davantage, utilisez vos pierres.

LISTE DES PIERRES COLOREES

Groupe des couleurs	Emplacement des énergies subtiles	Emplacement approximatif dans le corps physique	Type de pierres	Qualité de la pierre	Quelques utilisations sur le centre subtil ou physique, ou posé sur le corps comme une totalité
Noir	Le centre de la terre	Plante des pieds	Obsidienne onyx jade noir agate corail noir pyrite de fer	Froid solide calme sommeil/repos sans mouvement fraicheur	Pour ouvrir les canaux d'énergie à partir de la plante des pieds. Mise à la terre, concentration. Calme le mental et les émotions. Focalisation rapide et ferme sur le plan physique. Ralentit, stoppe le mouvement subtil ou physique.
Gris	Le milieu de la terre	Jambe inférieure	Quartz fumé obsidienne perle grise agate	Mêmes que ci-dessus avec moins de fermeté et légèrement plus de mouvement	Même que ci-dessus mais moins poussées. Ouvre les canaux d'énergie des jambes inférieures vers la terre.
Marron	La surface de la terre	Cuisse	Quartz fumé obsidienne topaze brun oeil de tigre brun jaspe agate	Paix nourriture sécurité chaleur calme placidité	Pour se relier à la terre et se focaliser légèrement. Calme les émotions. Apaise les corps physique et subtils. Ouvre les canaux d'énergie vers le bas.
Rouge	Le premier chakra, le centre Racine base de l'épine dorsale	Base de la colonne vertébrale, coeur, sang, circulation	Grenat, rubis, corail, jaspe	Chaleur, feu, grande action	Pour ouvrir le premier chakra, pour briser le conditionnement mental. Pour créer un changement rapide. Pour rendre plus puissante l'énergétisation. Pour créer la chaleur. Pour travailler sur le coeur, le sang, la circulation.

Groupe des couleurs	Emplacement des énergies subtiles	Emplacement approximatif dans le corps physique	Type de pierres	Qualité de la pierre	Quelques utilisations sur le centre subtil ou physique, ou posé sur le corps comme une totalité
Rose	Le centre du Coeur	Intérieur du centre de la poitrine, coeur, toute zone nécessitant un changement doux	Quartz rose Tourmaline rose Rhodochrosite Corail rose jade rose grenat rose	Gentillesse amour paix chaleur	Lève la dépression, crée le sentiment de paix, énergétise doucement. Crée la chaleur, fait disparaître stress et disharmonie. Pour ouvrir le centre du Coeur et le canal entre le premier chakra et le centre du Coeur.
Orange	Le deuxième chakra	Zone des organes sexuels, zone pelvienne	Cornaline Agate Citrine madere	Montée de l'énergie sexuelle chaleur activité feu	Pour énergétiser légèrement. Pour augmenter l'énergie créatrice. Pour augmenter l'énergie sexuelle. Pour renforcer et stimuler le deuxième chakra.
Or ou Jaune	Or : le canal énergétique entre le troisième chakra et le chakra coronal. Jaune : 3ème chakra	Zone du nombril. Zone du sommet de la tête	Citrine jaune quartz légèrement fumé diamant jaune	Chaleur activité soleil énergie créatrice	Augmente l'énergie masculine. Pour manifester l'énergie créatrice sur le plan physique. Lève la dépression. Energétise légèrement le corps physique et le système nerveux subtil. Pour travailler sur les poumons, la respiration et la force vitale. Pour renforcer et stimuler le 3ème chakra. Amélioration de la force de volonté.
Vert	Le centre du Coeur le 4e chakra	Centre de la poitrine. Toute zone qui nécessite le rafraîchissement. Les poumons	Emeraude Malachite verte Péridote Tourmaline Dioptase verte Jade Calcite verte	Générosité nutrition rafraîchissement calme léger eau	Détend et grandit le centre du Coeur. Apaise la fièvre. Calme les émotions fortes. Accroît la conscience du bonheur. Détend les crampes et relâche les tensions dans le corps. Renforce le coeur physique. Accroît la capacité d'aimer

Groupe des couleurs	Emplacement des énergies subtiles	Emplacement approximatif dans le corps physique	Type de pierres	Qualité de la pierre	Quelques utilisations sur le centre subtil ou physique, ou posé sur le corps comme une totalité
Turquoise, ciel ou bleu clair	Le 5ème chakra. Le centre de la Gorge	Centre de la Gorge, mâchoire et oreilles en partie, nuque, base du crâne	Turquoise Chrysoprase Aigue marine Topaze bleu Malachite bleue Quartz bleu Celestite Tourmaline bleue	Ciel légèreté repos vibrant joie astral	Voyage astral et hors du corps. Apaise les tensions, particulièrement dans la mâchoire, la nuque et le haut des épaules. Augmente les aptitudes au discours et au chant. Aide efficacement à la communication. Ouvre le canal d'énergie subtile entre le Coeur et le Troisième Oeil. Joint l'amour à la sagesse, engendre la compassion. Fait disparaître les maux de tête, calme la fièvre.
Bleu royal à Indigo	Le 6e chakra. Le centre du Troisième Oeil	Milieu du front. Oreilles en partie. Yeux. Partie supérieure de la tête	Saphir Lapis Lazuli Sodalite Tourmaline bleu nuit	Royauté repos infini force calme spirituel	Calme le mental, accroît l'intuition, développe la sagesse. Accroît les aptitudes mentales. Focalise et maintient la concentration. Améliore la mémoire. Améliore la vue. Apaise le corps. Incite à la méditation. Accroît la sensibilité aux énergies subtiles.
Violet profond à violet clair	Le 7ème chakra. Centre coronal	Milieu du sommet de la tête, légèrement au-dessus de la tête	Améthyste Tourmaline violette	Calme gentillesse expansivité Royauté Harmonisant spirituel	Accroît la spiritualité, stimule l'illumination. Guérison physique, mentale, émotionnelle, subtile. Lève la dépression. Calme le stress. Accroît l'énergie féminine. Lâcher-prise des désirs importuns. Développe le calme du corps, du mental et des émotions.

Groupe des couleurs	Emplacement des énergies subtiles	Emplacement approximatif dans le corps physique	Type de pierres	Qualité de la pierre	Quelques utilisations sur le centre subtil ou physique, ou posé sur le corps comme une totalité
Blanc	Centres d'énergie supérieurs au centre coronal	Au-dessus du sommet du crâne	Quartz clair Diamant blanc Calcite	Clarté brillance lumière glace éthérique potentiel infini changement constant	Les quartz clairs, les diamants et parfois la calcite peuvent être programmés pour revêtir la couleur et les possibilités de n'importe quelle autre pierre. Ils contiennent toutes les couleurs et ont par conséquent tous les usages. Ils peuvent énergétiser, soigner et accroître les aptitudes de tous les corps. On peut utiliser la perle et la calcite pour renforcer et stimuler les os, les cheveux et les ongles.

Note : on peut inclure l'opale dans la catégorie des pierres blanches car elle contient toutes les couleurs. La différence réside en ce que l'opale a la qualité du feu, qui change sans cesse. Elle stimule l'activité et le changement. Si l'opale a plus d'une couleur, les qualités de cette couleur dominent, accompagnées de la transformation du feu. Seules les personnes stables devraient en porter.

4. LES OUTILS DE CRISTAL

Dans chacune des grandes civilisations, des outils de cristal ont été façonnés et utilisés sous forme de bâtons ou de sceptres, d'objets de méditation ou de guérison, de joaillerie cérémonielle ou d'instruments de pouvoir. La connaissance de ces instruments et de leur utilisation était l'apanage des prêtres, des mystiques, des chamans, des guérisseurs et de leurs initiés. De nos jours, on a « redécouvert » nombre de méthodologies auxquelles toutes les personnes intéressées peuvent avoir recours.

La fabrication des instruments de cristal est aujourd'hui une gageure créatrice, qui implique un travail correct, une compréhension du matériau et une mise en valeur de sa forme et de sa beauté. Lorsque vous choisissez les pierres que vous allez utiliser ou porter, il faut que vous recherchiez certaines particularités, au-delà de la façon artistique. Comment le cristal est-il fixé ? Avec quel matériau est-il soudé ? Est-ce un matériau ou un métal qui vous convient ? Le fait de poser un cristal sur votre corps vous fortifie-t-il ? Est-ce qu'un bijou de cristal va pouvoir toucher votre corps près de l'emplacement que vous voulez ouvrir, guérir ou énergétiser ? S'il y a d'autres pierres de couleur dans le même bijou, vous conviennent-elles ? Les cristaux vous paraissent-ils équilibrés ?

Chaque objet rattaché au cristal va lui associer ses propres qualités. Un os, par exemple, va ajouter un élément terre. La nature de l'être auquel a appartenu l'os va également jouer. Certaines pierres précieuses ont des qualités spécifiques de par leur différence de couleur et de vibration qui, associées à celle du cristal, vont affecter l'ensemble du bijou. Les plumes, que l'on trouve souvent liées aux cérémonies et aux instruments chamaniques, créent une connexion avec la nature et l'essence de l'oiseau dont elles proviennent.

Le cristal ne devrait jamais être fixé avec uniquement de la colle, de l'époxy ou un ciment, car il risque de tomber tôt ou tard. Il ne doit pas être percé horizontalement de face à face car ceci interfère avec le courant énergétique. Le sommet du cristal ne doit pas être totalement recouvert car il faut qu'il puisse, selon sa tendance, grossir ou se contracter légèrement lorsqu'il est énergétisé.

Observez les dessins utilisés pour tout bijou ou instrument. Certains symboles affectent la vibration du cristal. Les cercles, les carrés, les triangles ou d'autres formes géométriques ont des significations et des énergies particulières. Des symboles tels que l'étoile vont voir varier leur énergie selon le nombre de branches et leur direction par rapport au cristal. Des Yantras (dessins méditatifs) ou d'autres archétypes peuvent être associés au cristal pour provoquer une méditation profonde et fournir des instruments de guérison. Des « semences de son » ou des mots utilisés dans les mantras peuvent aussi être employés de la même façon, inscrits et appliqués à la pièce de cristal. Bien entendu, des objets, des animaux ou des êtres mythologiques particuliers peuvent aussi associer avec succès leur énergie à celle du cristal. Le serpent, par exemple, symbolise souvent la montée des pouvoirs créateurs, augmentant l'énergie kundalini. Ce dessin est particulièrement efficace lorsqu'il est gravé sur un bâton ou sur un outil destiné à faire s'élever l'énergie, que va diriger le cristal intégré à l'outil.

Tout ceci représente quelques-uns des nombreux aspects de la faction des cristaux en vue de créer des instruments puissants. Si vous vous sentez attiré vers un outil, un objet ou un bijou, renseignez-vous sur les matériaux et les symboles utilisés. Ecoutez alors votre voix intérieure, et vous saurez s'ils sont bons pour vous. A travers une intuition guidée, vous apprendrez aussi comment en faire le meilleur usage. L'utilisation consciente d'instruments de cristal est un processus interactif, un chemin à double sens entre l'instrument et vous. Vous vous dirigez l'un l'autre. De cette façon, le potentiel de l'outil peut être réalisé, mettant à votre disposition l'élévation de conscience, l'énergie, la guérison, la magie, la vision, le pouvoir.

Dans les pages suivantes, vous trouverez une description plus détaillée des différents types de bijoux, ou d'objets destinés aux autels et au pouvoir que l'on peut fabriquer avec des cristaux de quartz. Les différentes utilisations sont abordées; des informations sur les métaux, des observations sur la mise en place vous sont indiquées, et tout ce qui concerne les pierres de couleurs, la conservation et l'équilibrage. Enfin, nous vous donnons une liste des différents symboles utilisés pour la décoration des instruments de cristal de quartz.

• COMMENT PORTE-T-ON DES BIJOUX DE CRISTAL ?

On les porte généralement sur les méridiens énergétiques et dans la zone des chakras. Ceci tend à ouvrir et à augmenter le flux énergétique propre à la zone qui est mise en contact — ou se trouve dans le voisinage proche — de la pierre. Evidemment, puisque même un petit cristal dégage un champ de radiation d'au moins un mètre, tout bijou va tendre à énergétiser et/ou soigner le corps entier. L'influence la plus forte va néanmoins se trouver dans la proximité immédiate du cristal.

Les colliers de cristal se portent sur la Gorge ou peuvent pendre sur le centre du Coeur, ou encore entre les deux. Ceux que l'on porte sur la gorge ouvrent le centre correspondant et stimulent tous les attributs qui lui sont associés. Ceux que l'on porte sur le coeur vont ouvrir le chakra du Coeur et effectuer un travail de guérison sur le système circulatoire et sur le coeur physique lui-même. Un pendant situé entre ces deux points va influer sur les deux zones et pourra soigner les poumons et le système respiratoire. Si la pointe est dirigée vers le bas, elle tend à accroître l'influence terrestre et à énergétiser le corps. C'est souvent plus équilibrant. Dirigée vers le haut, elle tend à orienter l'énergie vers les centres supérieurs en énergétisant le corps. Si vous avez tendance à avoir des absences ou à être dans la lune, ce peut être trop éthérisant pour vous.

Un cristal à double terminaison diffuse les énergies en quantité égale sur les centres inférieurs et supérieurs. Pointant dans les deux sens, il focalise l'énergie principale au niveau où il a été placé. Un cristal sur votre centre du Coeur va faire dévier la négativité et équilibrer les énergies de votre corps, et vous pourrez ainsi vous détendre.

Les bracelets de cristal agissent sur les méridiens des mains et canalisent l'énergie vers — ou par — les bras et les mains. Ils sont excellents pour les guérisseurs, pour ceux qui travaillent sur le corps, et tous ceux qui travaillent avec leurs mains. Il est particulièrement efficace et équilibrant pour le corps de porter une paire de bracelets de cristal de force ou d'équilibrage égaux, en termes tant de taille et de qualité des cristaux que du métal qui soutient la pierre. Lorsque vous porterez un bracelet de cristal au poignet gauche, dirigez sa pointe vers l'épaule : le côté gauche est réceptif et attire en principe l'énergie dans le corps; si le cristal pointe vers vous, le courant va aller dans ce sens. Au poignet droit, dirigez la pointe du cristal vers l'extérieur, du côté des doigts, pour appuyer le processus d'expulsion de l'énergie propre au côté droit. L'utilisation de cristaux va jouer sur l'équilibrage de l'énergie Soleil/Lune — masculin/féminin —, et amplifier le courant qui passe par vos mains.

Les bagues de cristal vont ouvrir les canaux d'énergie au bout de vos doigts. Chacun d'eux a un effet différent des autres, car il est associé à un type particulier d'énergie. Il existe plusieurs façons de tester l'énergie associée à chacun des doigts. L'auriculaire est liée à l'énergie psychique, l'annulaire à la vitalité ou énergie solaire, le majeur à la volonté ou énergie saturnienne, l'index à la sagesse, le pouce à l'ego (on ne porte généralement pas de bague au pouce). En portant des bagues à plusieurs doigts, on peut combiner ces énergies. Comme pour les bracelets, le côté droit canalise les énergies vers l'extérieur, le gauche les attire en vous.

les boucles d'oreilles de cristal sont portées sur — ou très près — du point d'acupunture qui agit directement sur le troisième oeil. Ces bijoux sont par conséquent très stimulants pour ce centre et accroissent vos pouvoirs intuitifs et pscychiques. Ils agissent aussi sur toute la zone de la tête, permettant de soigner les sinus, les oreilles et les yeux. Ici aussi, portés du côté gauche, ils attirent en vous l'énergie et touchent particulièrement le côté gauche. A droite, ils agissent sur le côté droit et dirigent les énergies vers l'extérieur. Ils peuvent vous servir à équilibrer les deux parties du cerveau. Un seul anneau va augmenter l'énergie de l'hémisphère dont il est le plus proche.

Les bandeaux de cristal permettent de placer la pierre directement sur le Troisième Oeil et vont donc oeuvrer encore plus directement à ouvrir ce chakra et à dynamiser ses différents pouvoirs.

Les serre-tête et les barrettes aident à ouvrir le chakra coronal et le canal d'énergie qui vous met en contact avec la conscience la plus élevée, laquelle peut alors se répandre dans votre corps.

Les ceintures de cristal ouvrent et stimulent le centre du Plexus Solaire, lui permettant de se décharger des colères rentrées et fortifiant le système nerveux. Si vos centres supérieurs sont ouverts, une ceinture va équilibrer les énergies de votre corps.

Les anneaux de cheville vont vous aider à rester relié à la terre; ils ouvrent les méridiens d'énergie de la plante des pieds et les canaux qui parcourent vos jambes.

Des anneaux portés aux orteils vont en ouvrir les canaux d'énergie situés aux extrémités. Comme pour les doigts, chaque orteil est connecté à une forme particulière d'énergie.

Les pointes de cristal amplifient l'énergie de la pierre et génèrent un rayon d'énergie, comme un laser, que l'on peut diriger pour obtenir certains effets. Combinés avec la force de l'intention, elles peuvent servir à couper, former, disperser, retirer ou diriger de toute autre manière les énergies subtiles, de façon extrêmement précise et puissante. On s'en sert pour la guérison, la chirurgie psychique, les rituels et toute autre situation nécessitant une forte puissance énergétique. Les pointes de cristal peuvent être également d'admirables objets sculptés. Les cristaux que l'on associe à une pointe de cristal doivent toujours pointer dans la même direction qu'elle, de façon à ce que le flux énergétique puisse être amplifié dans cette direction. Une pierre qui serait dirigée à l'inverse de la pointe amoindrirait le courant énergétique et pourrait même totalement l'annuler, alors que dirigée dans le même sens, elle n'interfère pas sur le courant unidirectionnel.

Les dorjes. Les cristaux d'un dorje pointent en direction opposée à chaque bout. Ils sont tous deux de taille et de force identiques. Les dorjes servent aussi à diriger l'énergie, et on les utilise souvent en association avec l'imposition des mains ou avec l'emploi des sons. Ils sont employés pour faire tourner, inverser et diriger un courant d'énergie existant. Le dorje peut être assimilé à la colonne vertébrale, ou à l'énergie kundalini qui monte le long de la colonne. Harmonisé sur cette énergie, il peut être alors manipulé pour en ajuster, débloquer, amplifier ou transformer de toute autre façon le courant.

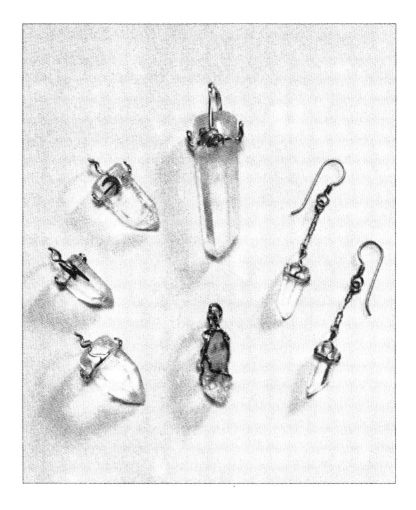

1.Cristaux de quartz en pendants et boucles d'oreilles. Argent sterling et métal doré à l'or.

2. Quatre styles de boules de cristal en pendants. Argent sterling.

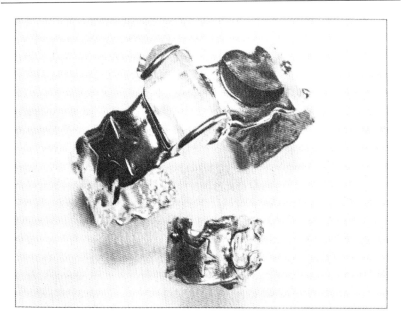

dessins cosmiques pour bracelet et bagues. Métaux mélangés.

Bracelet courant. Argent sterling.

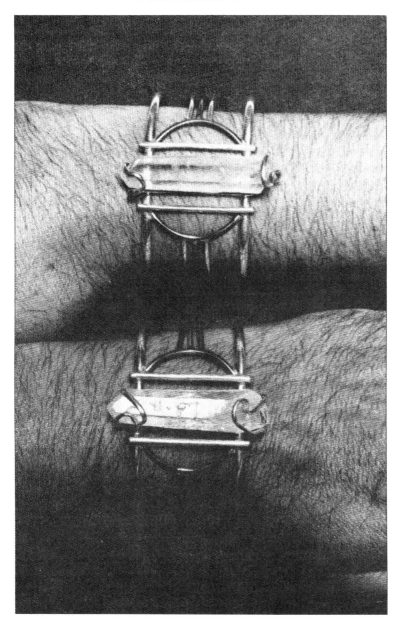

5. Bracelet courant. Argent sterling et cuivre. Remarquez la direction du flux énergétique.

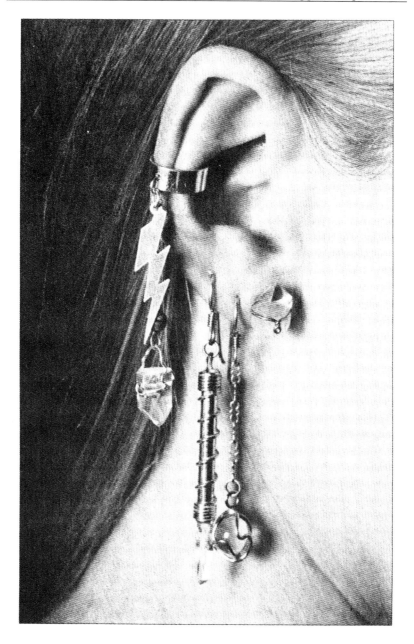

6. Cristaux de quartz en boucles, clous et parements d'oreilles.

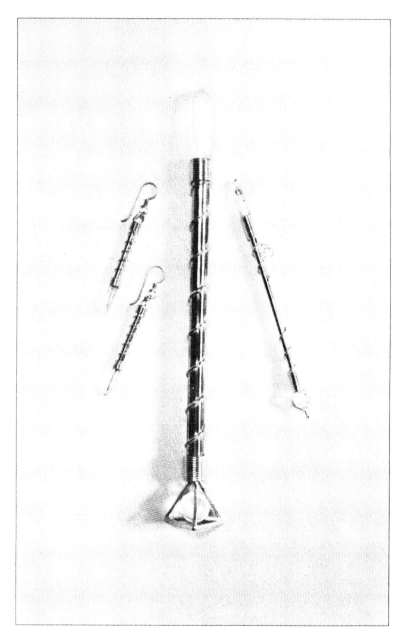

7. Baguettes et baguettes d'oreilles.

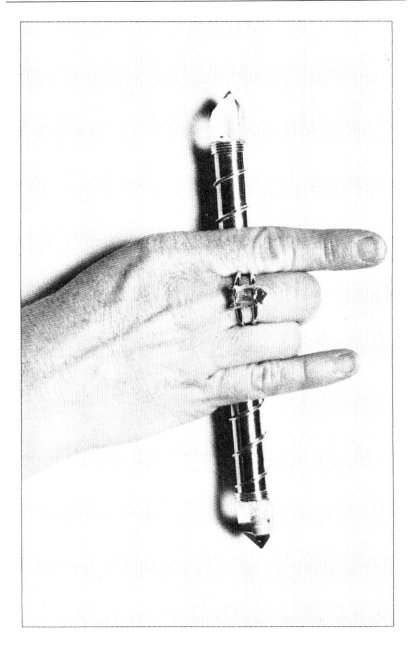

8. Utilisation d'un dorge avec une bague de cristal.

Les pendules de cristal extériorisent le reflet de votre subconscient, de cette conscience intérieure qui vous traverse en permanence. Ils peuvent aussi servir à mesurer les champs d'énergie et les courants d'énergie subtile qui passent dans les corps subtils. La terminaison du cristal de quartz du pendule doit être tournée vers le bas, et la chaîne ou le cordon auquel il est suspendu doit mesurer approximativement 12 centimètres. Le cristal doit être équilibré de façon à ce qu'il soit d'aplomb et n'ait pas tendance à tirer à droite ou à gauche. La plupart des gens préfèrent que les facettes du cristal soient aussi égales possible car le pendule semble alors être plus précis. Pour travailler avec un pendule, vous devez tenir la chaîne ou le cordon à environ 8 centimètres du cristal, de façon à pouvoir laisser la pierre se balancer librement. Focalisez-vous mentalement sur le cristal, utilisez votre pensée pour le faire bouger dans différentes directions. Voyez comment votre pensée est exprimée par le pendule. Pensez au mot « oui » et voyez le sens de rotation de votre pendule. Focalisez-vous ensuite sur le mot « non » : le pendule doit tourner dans le sens opposé. Une fois que vous avez déterminé le sens de la rotation (qui est habituellement celui des aiguilles d'une montre pour le « oui »), vous pouvez commencer à utiliser votre pendule pour répondre à toute question dont la réponse est « oui » ou « non ». Posez la question et gardez l'esprit vide, jusqu'à ce que réponse vous soit donnée par le sens de rotation de votre pendule.

Vous pouvez utiliser votre pendule pour mesurer la force ou la projection d'un champ d'énergie. Dirigez mentalement le pendule pour qu'il tourne lorsqu'il détecte un champ d'énergie. Plus la rotation est forte, plus le champ est important. Vous trouverez le centre de n'importe quel champ d'énergie quand le pendule est à sa rotation maximum. Vous pouvez mesurer la projection du champ en vous éloignant du centre jusqu'à ce que votre pendule cesse de tourner ou de se balancer. Faites ceci dans plusieurs directions pour trouver la grandeur du champ. Pour mesurer le flux d'énergie subtile dans le corps, tenez le pendule à quinze centimètres environ de la surface et promenez-le au-dessus du corps. Le balancement ou la rotation du pendule vont refléter la direction et l'intensité du courant d'énergie. On peut utiliser le pendule pour ouvrir les chakras en lui imprimant un mouvement giratoire dans le sens des aiguilles d'une montre au-dessus de chacun d'eux. Pour fermer un chakra, faites la même chose en sens inverse. La meilleure façon de se familiariser avec les divers emplois du pendule est de les expérimenter. Plus vous utilisez votre pendule, plus vous améliorez votre justesse. Comme pour les bijoux de cristal, soyez sûr que la pierre, le métal ou les autres matériaux qui ont servi à le fabriquer vous conviennent, de même que les symboles ou les couleurs qui ont pu lui être associés.

• La fabrication des bijoux

Il est important de savoir comment et par qui sont fabriqués les bijoux. La conscience de la personne qui a procédé à la fabrication et le lieu où elle a travaillé seront imprimés dans le bijou même. Si cette personne est heureuse, a une conscience élevée et connaît la qualité des pierres, vous sentirez la différence par la qualité vibratoire du cristal et celle du bijou tout entier. Soyez-en conscient lorsque vous faites l'acquisition d'un bijou. Celui-ci ne doit pas se contenter d'être beau, il doit aussi émettre de bonnes vibrations.

• La fixation des pierres

La façon dont on fait le bijou et plus particulièrement dont on fixe la pierre est primordiale. La pierre doit être fixée de façon à ce que le flux d'énergie qu'elle émet ne soit ni coupé, ni contrarié. La base ou le fond d'un cristal par exemple ne devrait jamais être totalement recouvert car ceci entrave le courant d'énergie. En général, le cristal est tenu en place avec de la colle époxy, qui forme une masse épaisse que doit traverser la vibration du cristal. Cette obstruction entrave le flux énergétique. Sans compter que, d'un point de vue pratique, si la fixation du cristal ne repose que sur la colle, il y a de fortes probabilités que vous le perdiez tôt ou tard.

Si la pierre a été percée, assurez-vous que la perforation ne la traverse pas totalement à l'horizontale, auquel cas le courant d'énergie sera complètement interrompu. On peut percer ou inciser un cristal à condition de ne pas le faire totalement de part en part à l'horizontale. En principe, une mise en place plus ouverte est plus appropriée : elle autorise le passage optimum de l'énergie à travers la pierre et permet également aux sources naturelles d'énergie telles que le soleil, le vent et l'eau de charger votre pierre lorsque vous la portez. Si vous rechargez la pierre que vous portez sans discontinuer, votre corps sera constamment chargé lui aussi.

• Les métaux

Tout ce qui entoure le cristal l'influence : il est donc important de choisir des métaux qui soient de bons conducteurs et qui puissent canaliser les influences utiles. Ce sont généralement l'argent, l'or, le cuivre — purs ou associés les uns aux autres — qui conviennent le mieux. A de rares exceptions près, n'utilisez jamais un matériau contenant du plomb, parce qu'il arrêtera ou entravera le flux énergétique des cristaux.

Chaque métal a des caractéristiques qu'il faut prendre en considération pour la bonne synergie de votre énergie et de vos buts. L'argent canalise les énergies lunaires, l'élément Eau ou l'énergie féminine. L'or canalise les énergies solaires, l'élément Feu ou l'énergie masculine. Le cuivre agit sur les énergies relevant davantage du Feu et de la Terre. Le laiton canalise l'énergie Feu, mais n'est pas aussi éthérique que l'or car sa vibration est plus grossière. Les métaux peuvent être mélangés pour combiner les énergies Soleil/Lune ou Soleil/Lune/Terre. Si vous avez opté pour un objet plaqué, voyez quel est le métal utilisé comme base. A-t-il une qualité dont vous avez envie d'être affecté ? Contient-il du plomb ? Il arrive souvent qu'un bijou peu cher, parce que plaqué, contiennent un métal de base inadéquat.

L'acier peut parfois être associé avec succès aux cristaux. Il met en connexion avec le plan terrestre et donne de la force pour maintenir une conscience supérieure lorsque l'on veut manifester quelque chose sur le plan physique.

Outre les métaux, les cristaux peuvent être montés sur d'autres matériaux, tels le cuir, le tissu ou des tissages de perles. Ceux-ci vont l'influencer et doivent être choisis en accord avec la pierre. Le cuir influence le cristal avec l'énergie terrestre, mais aussi avec celle de l'animal dont la peau a été utilisée. Regardez la couleur et les autres qualités du tissu. Comment les ressentez-vous ? La soie, le coton et toutes les fibres naturelles conviennent. Les matériaux synthétiques ne filtrent et ne transmettent pas bien l'énergie cristalline.

Comment choisir le métal qui vous convient le mieux ? Celui qui vous attire sera généralement le meilleur. Faites comme lorsque vous choisissez un cristal : remarquez ce qui vous tente, ce vers quoi vous vous sentez poussé. S'il vous attire, c'est que ce métal doit résonner en harmonie avec vous. Prenez celui-ci. Vous pouvez avoir besoin de changer de métal lorsque vos énergies changent. Ceci peut se produire du jour au lendemain, à un autre rythme, ou pas du tout. Prenez en considération votre équilibre énergétique. Si vous sentez que vous avez beaucoup de feu et que vous avez besoin de douceur ou de calme, choisissez l'argent. Si vous vous sentez aérien ou soumis, choisissez l'or. Si vous avez tendance à n'avoir pas les pieds sur terre ou à être trop éthérique, prenez le cuivre. Voyez aussi ce que vous tentez d'accomplir lorsque vous travaillez avec vos cristaux et, en premier lieu, en choisissant un métal, fiez-vous à votre intuition.

• Le choix d'un bijou

Vous choisirez un bijou de cristal de la même façon que vous le faites pour vos cristaux : servez-vous de votre intuition et prenez celui qui vous attire le plus. Si vous choisissez pour quelqu'un d'autre, concentrez-vous sur cette personne en regardant les bijoux, et notez ceux vers lesquels vous vous sentez poussé. En vous focalisant sur eux, vous allez vous sentir vibrer harmonieusement et le cristal que vous choisirez résonnera en accord avec vous. Il conviendra à cette personne.

Pensez à regarder si le cristal a été poli ou s'il est naturel. Chacune de ces caractéristiques a des avantages qu'il faut prendre en considération. Un cristal poli a tendance à créer un champ d'énergie plus doux, plus arrondi. Un cristal naturel projette de façon plus précise, comme un laser. Le polissage d'un cristal peut parfois faire ressortir sa brillance et lui conférer davantage de force. Parfois aussi la taille et le polissage de la pierre peuvent libérer davantage sa puissance; le joaillier doit néanmoins être conscient des propriétés subtiles de la pierre lorsqu'il opère. Si la taille ne suit pas le flux naturel de l'énergie, la puissance de la pierre sera entravée, voire anéantie. Une pierre naturelle n'est pas toujours meilleure qu'une pierre taillée et polie, et le contraire est vrai aussi. Chacune est unique, et vous devez vous focaliser sur toutes, l'une après l'autre, pour prendre votre décision. Pour faire votre choix final, gardez la pierre un moment et voyez comment vous la sentez et quelle est son interaction avec les différents centres de votre corps. Appuyez-vous sur votre intuition et votre sensibilité.

• La purification

Chaque fois que vous faites l'acquisition d'un bijou, puri-fiez-le immédiatement avec votre souffle, de la fumée ou de l'eau salée avant de le porter (l'eau salée risque d'oxyder le métal, particulièrement l'argent). Une seule exception : vous pouvez sentir chacune des influences auxquelles ce bijou a été soumis et désirer les conserver. Sinon, purifiez votre cristal de toute influence, qu'elle soit issue du travail qui a été exécuté ou du port du bijou par d'autres que vous. Pour travailler le métal, on a pu se servir d'un marteau ou le chauffer, et ceci peut avoir sur vous un effet très choquant si vous ne purifiez pas le bijou. Rappelez-vous que lorsque vous procédez à la purification, elle ne s'ap-plique pas seulement aux cristaux et aux autres pierres mais également au métal ou à tout autre matériau qui entre dans la fabrication.

Il vous faut aussi purifier tous vos bijoux si vous avez été malade ou si vous vous êtes trouvé dans un environnement qui ait pu transmettre à vos pierres des vibrations indésirables. Faites-le également si quelqu'un avec qui vous ne vous sentez pas en affinité les a touchés. Purifiez enfin tout ce qui est ancien.

• L'équilibrage

Lorsque vous portez un bijou de cristal, il est important d'être conscient de son équilibre, si vous ne voulez pas vous déséquilibrer vous-même en concentrant trop d'énergie en per-

manence sur un seul chakra. Si, par exemple, vous portez
continuellement une pierre sur votre troisième oeil, vous allez
progressivement vous détacher de la terre et devenir inefficace
sur le plan physique. Si donc vous portez un bijou sur le troisième oeil ou aux oreilles, il vaut mieux en porter aussi de temps
en temps sur le Plexus Solaire pour équilibrer les énergies. Ne
faites pas usage des aptitudes du cristal à vous procurer un état
constant d'énergie élevée sans prendre aussi du repos : vous
pourriez fatiguer votre corps physique et attirer la maladie. Si
ceci se produit, retirez vos pierres et cessez de les porter pendant
un moment. Les cristaux sont puissants. Vous êtes responsable
de vous-même et des autres lorsque vous les portez, et devez
pouvoir évaluer ce qui rique d'arriver.

• La programmation

Un bijou de cristal peut être programmé de la même façon
que n'importe quel cristal. Tout ce que l'on peut faire avec un
cristal à l'état naturel peut convenir à un bijou. Que le cristal soit
monté en bijou rend les choses pratiques : vous pouvez l'emporter tout le temps avec vous et travailler avec quand vous le
désirez. On vend parfois des cristaux pré-programmés. A moins
que vous ne connaissiez la personne qui a procédé à la programmation et ne vous sentiez en affinité avec elle, il vaut mieux
éviter un tel achat et y procéder soi-même. Un cristal programmé
aura un effet plus fort si l'intention vous était particulièrement
destinée que si cette intention était générale.

• Le rangement

Prenez les mêmes précautions en rangeant vos bijoux de
cristal que celles qui prévalent pour vos cristaux. Si vous les
emballez, n'utilisez que des fibres naturelles. Vous pouvez les
ranger sur un autel ou dans un endroit spécialement prévu à cet
effet. Si vous ne voulez pas que l'on y touche, n'attirez pas
l'attention sur eux : mettez-les dans un endroit discret. Pour
conserver leurs vibrations très élevées, ne les entassez pas
n'importe comment. Ce sont des instruments : respectez-les.

• Les pierres de couleur

On fabrique généralement les bijoux de cristal avec des pierres claires ou des améthystes. Moins fréquemment, on utilise la tourmaline, le quartz fumé, la citrine, l'aigue-marine et autres cristaux naturels. A ces pierres peuvent être fixées d'autres pierres de couleur, taillées et polies. Lorsqu'on ajoute à un cristal clair une pierre de couleur pour faire un bijou, les propriétés et effets de la pierre sont amplifiés. C'est comme si vous portiez une pierre beaucoup plus grosse qu'elle ne l'est en réalité.

Le cristal clair est la pierre la plus universelle. On peut le programmer selon la couleur avec laquelle on veut travailler, quelle qu'elle soit, et il aura toutes les caractéristiques de ce type de couleur ou du type de pierre correspondant. Lorsqu'on a fini de travailler avec cette couleur, il suffit de purifier le cristal et l'on peut alors procéder à une nouvelle programmation.

Beaucoup de gens aiment travailler avec des améthystes : elles sont efficaces pour n'importe quel travail de guérison; elles influencent notre corps avec leurs vibrations spirituelles et supérieures.

Lorsqu'on porte un bijou de cristal près d'un chakra ou d'un méridien d'énergie particulier, il est souvent utile de lui adjoindre une petite pierre de la couleur de ce point précis pour le stimuler davantage. Si, par exemple, vous portez un collier près du centre de la Gorge, vous pouvez adjoindre une turquoise ou une agate bleue au cristal clair ou à l'améthyste. Si vous avez la gorge irritée, enrouée ou infectée, vous pouvez porter une pierre de couleur verte qui l'adoucira et la rafraîchira. Vous ferez alors appel à un jade, une aventurine ou une malachite. Quartz rose, malachite et émeraude ajoutés à un cristal clair sont excellents lorsqu'ils sont placés en collier sur le centre du Coeur. Lapis et saphir, accompagnés de n'importe quel cristal, ont de bons effets sur votre Troisième Oeil. Ajoutez de l'améthyste aux autres pierres sur votre chakra coronal. Les citrines jaunes sont excellentes pour le Plexus Solaire : ce sont des pierres qui conviennent très bien à tout ce qui relève de la volonté, de la créativité ou de la manifestation sur le plan physique. Les pierres oranges, telles la cornaline ou la citrine madère sont, quant à elles, particulièrement bonnes pour tout ce qui concerne la zone du second chakra. Les grenats et les rubis sont très efficaces sur les énergies du premier chakra. Enfin toute pierre dont la couleur se rapporte à la terre est utile pour calmer et se relier à la terre.

On peut se référer à un manuel pour connaître les systèmes d'utilisation et de mise en place des pierres de couleur. Ce qui, néanmoins, reste le plus efficace est votre propre sensibilité aux effets des couleurs, sur laquelle vous pourrez vous appuyer pour faire face à chaque situation qui, rappelons-le, est unique. Encore une fois, faites confiance à votre intuition et servez-vous de votre sagesse intérieure comme dans tous vos travaux à base de cristaux.

Enfin la taille d'une pierre de couleur entraîne aussi des effets différents. Certaines pierres sont plus fortes lorsqu'elles ont des facettes, parce que celles-ci libèrent leur puissance. Faites ici aussi appel à votre intuition et voyez comment vous sentez la pierre. On reconnaît un bon travail et une bonne façon lorsque la qualité unique de chaque pierre a été prise en compte, et que cette pierre a été taillée et mise en place de la façon la plus appropriée.

• Objets de pouvoir et cristaux sculptés

Un « objet de pouvoir » est un instrument qui augmente vos aptitudes à travailler avec les énergies subtiles et vous rend plus puissant pour accomplir certaines tâches qui vous sont demandées. Les cristaux de quartz sont en eux-mêmes des « objets de pouvoir ». Il existe cependant certaines façons de les associer à d'autres objets ou matériaux qui en feront un objet qui soit uniquement vôtre, ou qui soit destiné à un emploi tout à fait spécifique. Beaucoup d'objets de pouvoir chamaniques, par exemple, comportent des plumes particulières. Chacun des oiseaux dont elles proviennent représente un certain type d'énergie : la chouette est considérée comme le symbole de la mort — c'est donc un oiseau qui va représenter la transition; l'aigle est l'oiseau qui vole le plus près des cieux et de Dieu, et il est chargé de cette énergie. On considère souvent le corbeau comme le messager de l'aigle et, dans quelques traditions, il est l'égal de l'aigle. Lorsque l'on ajoute à un cristal une plume, la pierre se pare des qualités de l'oiseau. On peut également utiliser les plumes comme une pointe de cristal.

Pointe de cristal composée de bois pétrifié, de plumes d'ara, de métaux mélangés et de pierres de couleurs.

Vous pouvez faire des sculptures de cristal et les placer dans votre chambre, ou dans tout environnement que vous voudriez voir affecté par les énergies du cristal. Il existe des moyens d'avoir un cristal où que l'on puisse être, sans que cela paraisse étrange ou déplacé. Les sculptures de cristal sont un excellent moyen, qui permet de montrer tout à son avantage la beauté naturelle du cristal.

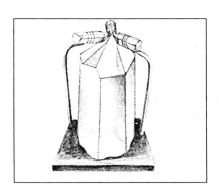

• Les générateurs de cristal

Un générateur est une confection particulière, qui associe cristaux et métaux pour créer un champ d'énergie extrêmement grand et puissant. Utilisez-le pour emplir une grande pièce ou même une maison entière avec l'énergie du cristal, et chaque fois qu'une grande quantité d'énergie vous est nécessaire.

Le schéma ci-dessus vous indique comment on le fabrique. Il faut mettre au milieu un gros cristal qui va pouvoir tenir debout tout seul (il doit mesurer au moins quinze centimètres de haut et avoir un diamètre de dix centimètres). Installez-le sur une surface noire, un livre sacré ou n'importe quelle surface qui détourne l'énergie plutôt qu'elle ne l'absorbe. Choisissez ensuite trois cristaux plus petits et de même taille. Faites-les se rejoindre, de façon à ce que leurs pointes se touchent au niveau de la pointe du gros cristal (toutes les pointes peuvent se toucher, mais on peut aussi décaler légèrement les pointes des 3 petits cristaux de celle du gros). Mettez le premier petit cristal au-dessus,

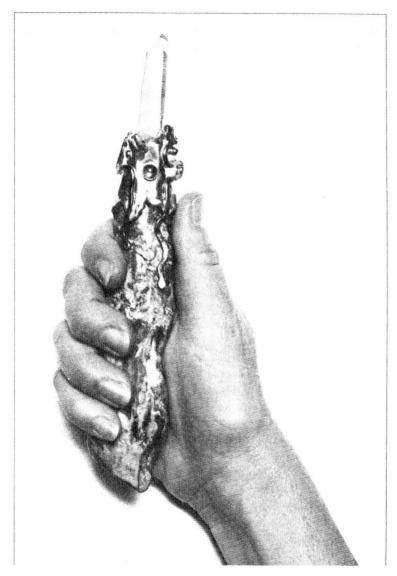

Légende : couteau de cristal de quartz composé de bois pétrifié, de pierres colorées et de métaux mélangés. Symmboliquement, il atteint la vérité en tranchant les illusions. On l'utilise aussi pour la chirurgie psychique et pour couper et redistribuer les vibrations des champs subtils.

vis-à-vis de la plus grosse face du gros cristal, puis les deux autres au-dessus d'une face sur deux. Entourez l'un des petits cristaux avec du cuivre, le second avec de l'argent et le troisième avec de l'or. Votre générateur est prêt. On peut l'activer davantage encore avec des visualisations, des sons ou de la lumière.

• Le symbolisme

On peut utiliser certains symboles en association avec les cristaux. Ils ajoutent au cristal leurs attributions spécifiques et l'affectent en conséquence. Nombres, dessins, images et tous autres objets qui ont une signification particulière pour vous peuvent servir à fabriquer des « objets de pouvoir ». Ceux-ci peuvent être portés ou emportés pour servir à célébrer certains cérémoniaux, à soigner, ou pour d'autres occasions.

Suit une liste de quelques-uns des symboles les plus traditionnels avec leurs significations. Vous les retrouverez souvent sur vos bijoux de cristal.

Triangle : la trinité, l'infini.

Cercle : l'infini.

Carré : les quatre directions cardinales, l'espace fini, les quatre saisons. Pentagramme ou étoile à cinq branches pointant vers le haut : l'homme parfait, les cinq éléments.

Sceau de Salomon ou étoile à six branches : l'union et l'interaction de la matière et de l'esprit, du formé et de l'informé.

Serpent : l'énergie kundalini.

Licorne : la pureté et la force.

Soleil : le principe masculin, la lumière, la manifestation.

Lune : le principe féminin, l'énergie réceptrice.

Croissant de Lune, pointe en haut : le principe divin, Isis.

Croix ankh : le symbole de génération ou de vie permanente, la fertilité.

Coeur : l'amour.

Yin/Yang : le symbole d'unité des opposés, de l'interaction des principes masculin et féminin.

Om : la conscience cosmique ou la réalisation ultime.

Oeil d'Horus : le principe solaire masculin, la protection contre la maladie, l'apport de vie.

Aigle : l'union avec l'esprit divin.

Dollar : la prospérité (que l'on peut combiner avec le signe Om pour que la sagesse aille de pair avec la prospérité).

Trident : Shiva ou l'Etre Réalisé. L'énergie créatrice masculine. Neptune.

Poissons : l'esprit christique.

Dauphin : la communication entre les espèces, l'union des consciences.

Croix : l'esprit christique. Les quatre directions cardinales.

Fleur de Lotus : la pureté, la réalisation.

Main de face avec les doigts tendus : signe de bénédiction.

Main dont le pouce et l'index se rejoignent : Gyan Mudra; la sagesse et la connaissance.

Soleil : le masculin, l'énergie solaire, la force de vie, la lumière de la Vérité réalisée.

Ces symboles sont ceux qui sont le plus couramment utilisés. Chaque objet peut être affecté de nombreuses significations. Chaque communauté religieuse a son propre symbolisme, comme du reste de nombreuses autres organisations. Chaque personne a ses propres références symboliques, et la liste des symboles est par conséquent infinie. La meilleure chose à faire, lorsque l'on est confronté à un symbolisme manifeste, est d'en rechercher la signification en puisant dans les diverses sources, ou bien de sentir intuitivement ce qu'il évoque.

5. LA MEDECINE SACREE, LES SUBSTANCES ALTERANTES ET LES TRAVAUX A BASE DE CRISTAUX

Dans certaines écoles anciennes et modernes de travaux spirituels et métaphysiques, on prend des substances qui altèrent les états de conscience pour permettre de faire passer la conscience, d'un niveau limité aux sensations physiques liées à l'univers physique, à une vue beaucoup plus élargie de la réalité. L'énergie kundalini, lorsque l'on absorbe ces substances, s'élève temporairement, et les centres d'énergie supérieurs deviennent accessibles : on s'ouvre alors pour un moment à la conscience et au pouvoir inhérents à ces centres. On fait l'expérience d'une vue élargie de l'univers et l'on peut en apprendre beaucoup, disposer de cette ouverture, devenir conscient des plans éthérique, astral, mental et autres plans supérieurs et y opérer. Cette expérience peut apporter beaucoup de connaissances.

Pour cette raison, dans quelques traditions comme celle des chamans, de Shiva et autres, on fait usage de ces substances que l'on nomme « médecines sacrées ». Lorsqu'elles sont utilisées, elles le sont de façon sacrée. On choisit un environnement qui soit approprié, certains dieux, et un prêtre invoque un guide supérieur ou le Soi intérieur. On procède à certaines préparations et des pratiques spécifiques s'ensuivent. Jamais cette médecine sacrée n'est considérée comme une « partie » de drogue. C'est quelque chose de beaucoup plus constructif, un moyen d'accès au divin.

Comme on peut le voir, faire usage de la médecine sacrée peut présenter beaucoup d'aspects positifs, mais il y a aussi des risques importants qui, pour nombre d'entre nous, prévalent sur les avantages. En premier lieu, l'expérience métaphysique que provoque l'absorption de substances altérantes n'est que momentanée. Nous entrevoyons le possible mais ne développons pas le mécanisme qui nous permettrait d'y arriver sans elles. De plus le corps s'en trouve affaibli, du fait que de grandes quantités d'énergie le traversent soudain sans que nous ne sachions les contrôler. Notre système nerveux se fatigue, nous ouvre à la maladie et nous prive des forces nécessaires pour maintenir notre concentration. Nous avons tendance à perdre le contact avec la terre. Le « système musculaire » psychique dont nous avons besoin pour travailler sur les plans supérieurs s'appauvrit, et peut même se détruire. Les énergies se déséquilibrent. En bref, nous nous affaiblissons ou détruisons ce qui nous est justement nécessaire pour pouvoir faire l'expérience de conscience plus élevée sans l'apport de ces substances.

Il peut se créer, d'autre part, une dépendance à ces substances qui détruirait nos aptitudes à parvenir à ces niveaux de conscience supérieure. Que ferons-nous lorsque nous ne pourrons plus nous en procurer ? (Vous ne pourrez les emporter quand vous mourrez). Il en résulte également une dépendance plus subtile : nous commençons à nous persuader que nous avons besoin de ces produits pour avoir accès aux plans supérieurs, à la sagesse et même à notre gouverne intérieure. Nous perdons ainsi la confiance dont nous avons besoin pour travailler avec les cristaux, et pouvons aller jusqu'à annihiler nos possibilités d'entendre notre guide ou notre sagesse intérieurs.

Si vous faites le choix d'user de médecines sacrées pour vos travaux métaphysiques et spirituels avec les cristaux, il vaut mieux ne pas oublier que nombre des exercices destinés à développer votre corps, votre mental et vos émotions dans ce but ne font pas bon ménage avec elles. Dans tous les cas, il est préférable de s'assurer le concours d'un professeur ayant une bonne expérience de l'utilisation des médecines sacrées.

L'équilibre est le mot-clé de tous travaux qui en font usage. Soyez conscient de ce que vous vivez à tous les niveaux. Si vous vous sentez devenir malade, si vous sentez votre système nerveux s'affaiblir, si vous voyez que vous perdez la force nécessaire pour canaliser les énergies libérées dans votre corps, cessez de prendre ces substances et recentrez-vous davantage encore sur les exercices destinés à vous redonner force et santé. Reconstruisez-vous plus que vous ne vous affaiblissez. Soyez conscient et très honnête quant aux effets de ces substances. Si vous voulez utiliser les médecines sacrées, faites-le pour voir ce qui est possible, puis appuyez-vous sur cette expérience pour y parvenir par vos propres efforts. Ne remplacez pas ce travail, nécessaire à votre efficacité avec des cristaux, par un subterfuge. Bâtissez la force de votre système nerveux et de tout votre corps. Apaisez votre mental et apprenez comment vous relier à la terre et vous centrer. Apprenez à faire s'élever naturellement votre énergie et à être conscient des niveaux supérieurs, pour pratiquer vos travaux à base de cristaux. Il est recommandé d'avoir un guide expérimenté pour faire usage des médecines sacrées et de ne le faire que d'une façon sacrée.

6. PRENDRE SOIN DE VOUS-MEME

Lorsque vous travaillez avec des cristaux de quartz ou procédez à des travaux métaphysiques quels qu'ils soient, vous manipulez des énergies ou des vibrations. Vous amenez vers et/ou au-travers de votre corps d'énormes quantités d'énergies élevées. Cette énergie est fantastique. C'est la force de vie de l'univers. Elle est aussi extrêmement subtile. Il n'est en fait pas évident de se rendre compte de ce surcroît d'énergie que vous attirez en vous, soit parce que vous n'êtes pas suffisamment développé pour pouvoir en être conscient, soit parce que vous y êtes habitué et ne le remarquez pas.

Si, face à la force et à la l'intensité de cette énergie que vous utilisez pour vos travaux avec les cristaux, vous ne faites pas attention et ne fortifiez pas votre corps, si vous ne vous régénérez pas, l'énergie finira par travailler contre vous. Comme nous vous l'avons déjà dit, votre corps devrait être comme un tube creux, où l'énergie pourrait passer librement, sans blocage, sans entrave. Vous y attirez l'énergie, la faites circuler de façon appropriée et l'expulsez, uniquement pour pouvoir en attirer davantage encore en créant un circuit circulaire d'énergie disponible. Si votre corps n'est pas suffisamment fort, s'il existe quelque blocage, cet état de tube ne peut être effectif, l'énergie se trouve emprisonnée et mal dirigée, et tend à s'installer aux emplacements les plus affaiblis de votre corps. Si, par exemple, vous pratiquez la guérison, l'énergie que vous allez attirer en provenance de la personne que vous soignez peut donc se bloquer en vous et vous affecter négativement de différentes façons et, par rebondissement, toucher négativement ceux qui vous entourent.

Tous travaux de nature métaphysique, qu'ils soient psychiques, de guérison ou à base de cristaux, font appel aux chakras supérieurs ou aux centres d'énergie : le Troisième Oeil, la Couronne, la Gorge et le centre du Coeur. Lorsque ces centres sont sollicités, le taux vibratoire de votre corps est plus élevé, comme s'élèvent aussi les vibrations qui vous entourent et avec lesquelles vous travaillez.

Pour en faire l'expérience, tentez l'exercice suivant : asseyez-vous tranquillement et sentez les vibrations de la pièce où vous êtes. Ne faites rien. Contentez-vous de rester assis et de sentir les vibrations en vous et autour de vous. Méditez alors sur votre troisième oeil. Prenez de longues et profondes inspirations, comme si vous respiriez par votre troisième oeil, pendant 15 minutes environ. Prenez ensuite un profond inspir, retenez-le et expirez. Ouvrez à présent vos yeux et remarquez ce qui a pu arriver aux vibrations qui vous entourent. Notez leur fantastique accélération, en vous et autour de vous. Ceci donne une idée des énergies avec lesquelles vous oeuvrez. Beaucoup des personnes qui travaillent avec les cristaux ne sont pas conscientes des quantités d'énergie qu'elles manipulent, ni du taux accéléré de leurs vibrations. Si vous n'en avez pas conscience et n'armez pas votre corps de la clarté et de la force nécessaires pour les maîtriser, vous risquez de vous mettre en état de dépression, physique, mentale, psychique et spirituelle.

Quels en sont les signes avant-coureurs ? Ils peuvent se manifester de diverses façons. Vous pouvez commencer à prendre du poids : la pesanteur est souvent utilisé comme un blindage, ou comme un moyen de se relier à la terre. Il peut se produire l'inverse et vous pouvez maigrir. Votre mental devient confus, a du mal à se concentrer. De brusques changements d'humeur peuvent se produire. Si vous êtes une femme, il est possible que vos règles deviennent irrégulières, voire s'interrompent. Il arrive souvent, si le système nerveux est affaibli, que l'on tremble ou que l'on frissonne physiqument ou intérieurement lorsqu'on travaille. Tensions et douleurs peuvent apparaître, les mâchoires se crisper, le Plexus Solaire devenir contracté et douloureux, de même que le cou et les épaules. Les migraines ne sont pas rares. Le souffle peut se raccourcir, la respiration devenir irrégulière, tendue, courte. Les cycles du sommeil peuvent se modifier, une immense fatigue vous envahir avec une constante envie de dormir comme si vous n'aviez jamais assez de repos. Ou bien, à l'inverse, vous ne pouvez soudain plus dormir du tout.

Faites attention, si vous commencez à vous servir de stimulants comme le café, le thé ou les médicaments, pour aller bien ou pour arriver à garder le rythme. Dans un premier temps, cela semble efficace mais, à long terme, le corps se détruit. La caféine et les stimulants affaiblissent le système nerveux et tout le « système musculaire » psychique. Vous pouvez vous mettre à avoir une boulimie de couleurs qui vous relient à la terre, sur vous et autour de vous, ou soudain ne plus désirer que des couleurs calmantes, comme le vert doux ou le rose. Même le

blanc, le bleu, le violet vous semblent trop intenses. Vos rêves
peuvent être porteurs de messages qui vous montrent fatigué,
« consumé ». Vous avez envie de vous précipiter dans des actions
qui sollicitent vos muscles, voire qui font mal. Si vous avez un
accident, voyez quelle partie de votre corps a été atteinte et quel
message ce peut être. Si, par exemple, vous vous tordez la
cheville, sans doute faut-il que vous ralentissiez un peu et vous
reposiez. Qu'arrive-t-il, lorsque vous commencez à déprimer et
ne procédez pas à la régénération ou au renforcement nécessaires ? Vous perdez d'abord la netteté qui est indispensable à
votre travail, vous devenez imprécis et inefficace, déséquilibré.
Dans votre corps affaibli, l'énergie ne peut atteindre vos chakras
supérieurs et demeure en grande partie dans les centres inférieurs, auquel cas vous vous mettez à rechercher les expériences
de pouvoir ou de sexualité et vous servez de vos travaux —
subtilement ou grossièrement — pour y parvenir. Votre énergie
s'abaissant, votre conscience fait de même, et votre moi inférieur
prend davantage le contrôle, vous donnant des excuses, justifiant
un comportement impropre : « Je suis un être réalisé, je peux
faire ces choses, j'ai toujours raison car je suis plus conscient
que les autres ».

Il existe de nombreuses variantes de ce comportement, qui
toutes relèvent de cet abaissement de votre conscience. Vous
pouvez perdre votre lucidité, être dominé par les images égotistes
que vous vous êtes créées et qui vous font dire : « Je suis un
grand maître en matière de cristaux; comment pourrai-je m'arrêter ? Il faut que je continue ». Ou encore : « Qui serais-je si je ne
travaillais pas avec les cristaux ? », en oubliant qui vous êtes
réellement, et en croyant que vous êtes ce que vous faites. Il se
peut que vous ayez créé autour de vous des groupes de travail
organisés et en soyez prisonnier. Ce sont eux qui vous mènent
quand vous êtes censés les mener. Vous oubliez la raison pour
laquelle ils avaient été créés, vous oubliez que vous pouvez
arrêter, que vous pouvez ralentir. Vous ne remarquez pas que
vous n'attirez plus l'énergie nourricière dont vous avez besoin
pour soigner ou pour travailler. Le mouvement circulaire d'entrée et de sortie ne s'effectue plus; seule la sortie continue,
jusqu'à ce que vous soyez, pour ainsi dire, à sec.

Que faire si vous remarquez que votre corps, votre mental, votre esprit sont fatigués ? La première chose à faire est de s'arrêter.

Il faut une certaine force et de l'humilité, pour réaliser que vous êtes décalé, coincé, épuisé, puis pour l'admettre et le faire admettre. En général, notre moi inférieur ou notre ego aiment à se sentir spéciaux, même si c'est au-dessus ou au-delà de tout cela (« Que vont penser mes élèves, ou mes amis, ou mes clients ? », dit l'ego).

Comprenez que rien de ce que vous avez entrepris n'est invalidé, que vous êtes simplement mortel, et cessez de travailler. Ensuite, il va vous falloir fortifier votre système nerveux. Il existe plusieurs méthodes pour ce faire et vous devriez en essayer plusieurs.

Avant tout, buvez beaucoup d'eau et du thé au gingembre. Prenez des vitamines B et C, et vérifiez que vous ne manquiez pas d'autres vitamines. Les bananes, en particulier pour les femmes, sont excellentes pour le système nerveux. Le gingembre, les clous de girofle et l'ail vont, entre autres bienfaits, énergétiser votre corps. La lécithine tend à augmenter la conductivité des nerfs. Pour améliorer votre système glandulaire, buvez du jus de pamplemousse. Un régime doux de bettes vertes pendant 5 à 10 jours y contribue également, surtout chez les femmes. Votre système glandulaire fonctionne au maximum le onzième jour de la Lune, et si vous jeûnez ce jour cela vous fera beaucoup de bien. Il vous faudra probablement épurer votre sang. Les pommes, le poivre noir, l'ail, le raisin, les oranges, le riz vous y aideront (il est conseillé de rester en contact avec son médecin lors de régimes spéciaux ou de jeûnes). Vous devriez aussi méditer, respirer longuement, profondément, par le nez, onze minutes par jour. C'est excellent : cela calmera et clarifiera votre mental, chargera votre corps de force vitale ou prana, et vous détendra à un niveau très profond. Inspirer et expirer par la narine gauche calme beaucoup (par la narine droite, cela énergétise).

Changez d'environnement : si vous habitez en ville, allez à la campagne, restez dans la nature, dans le vert, parmi les arbres; respirez, asseyez-vous à même la terre, laissez-la vous nourrir et vous guérir.

Faites attention aux couleurs que vous portez : essayez de porter du vert pâle, rafraîchissant, des tonalités terrestres qui vous raccordent à la terre et vous calment. Prenez des couleurs qui vous détendent; ne portez pas d'imprimés ou d'écossais mais, pour un moment, des couleurs unies. Faites les exercices que nous vous proposons dans ce livre pour fortifier le mental, l'émotionnel et le corps; chacun d'eux va vous aider. Rangez pour un moment vos instruments de pouvoir, vos cristaux et vos pierres, et ne les ressortez que lorsque vous serez de nouveau prêt à utiliser cette énergie qu'ils génèrent.

Il est de toute première importance de prendre conscience du moment où vous êtes déséquilibré, où l'énergie s'étouffe en vous, et de retourner alors aux sources, de faire les choses qui peuvent vous aider, de le faire immédiatement. Prenez-le au sérieux : c'est important non seulement pour vous, mais pour ceux qui suivent votre enseignement, ceux que vous soignez, ceux qui vous suivent. Vous le leur devez, comme vous leur devez d'être aussi clair que possible.

Quelles sont les mesures préventives qui pourraient vous préserver de la dépression et vous permettre de maintenir l'énergie au bon niveau ? La première chose à faire est de se relier à la terre, chose que l'on oublie aisément lorsque l'on active les centres supérieurs.

Vous devez être un pont entre les différents niveaux pour pouvoir transmettre l'information et la conscience supérieure sur le plan terrestre à ceux qui suivent votre enseignement ou à ceux que vous soignez. Pour ce faire, vous devez être relié, rattaché à la terre : elle transforme en positives les énergies négatives et peut vous décharger de toute énergie négative.

Ensuite, mettez en place autour de vous un système qui vous permette de toujours savoir ce que vous devriez faire. Ne travaillez jamais à l'encontre de votre propre rythme, accordez-vous toujours sur votre propre courant. Ne laissez pas ce que vous avez pu organiser autour de vous ou les gens avec qui vous travaillez établir à votre place vos méthodes de travail, ou décider pour vous des moments où travailler. Ne travaillez que lorsque vous savez que vous pouvez le faire. Soyez en accord avec vous-même. Votre travail demande du courage, dont celui d'arrêter lorsque c'est nécessaire, de ralentir, d'admettre que, peut-être, vous ne savez pas tout, d'écouter autrui. Vous devez pouvoir être lucide et ne pas laisser votre ego vous définir en termes de ce que vous faites. Lâchez prise. Vivez la liberté de l'instant. Ayez la force de l'acier, le courage du guerrier et vivez dans la joie d'un coeur ouvert.

Peut-être avez-vous connu des personnes travaillant avec les cristaux, des guérisseurs ou des professeurs, qui semblaient avoir changé, ou avoir perdu quelque chose après des années de travaux efficaces. Même si vous avez été déçu ou en colère, faites attention à ce qui a pu se passer. Honorez-les et tirez profit de leur expérience au lieu de les juger. Il est, par-dessus tout, important de se souvenir du plan divin qui préside à tout ceci. Tout n'est qu'illusion à un certain niveau; même l'idée de « vous » est une illusion, comme celle de ce que vous faites. Aussi longtemps que vous saurez vous en souvenir, vous pourrez tout voir avec un certain humour et avec tendresse. Après tout, le Soi est bien au-delà de votre corps et de votre travail. En faisant ce que vous faites, vous rendez honneur à ce Soi, et l'exprimez d'une façon unique et magnifique.

7. LA NOURRITURE

Tout comme il existe de nombreuses méthodes et techniques pour travailler avec les cristaux, il y a de nombreux types de régimes qui puissent être recommandés. Souvent, certaines techniques font appel à certains régimes. Si vous voulez procéder à une pratique particulière, il vaut mieux suivre le régime qui l'accompagne et que l'on peut considérer comme partie intégrante de la pratique.

Vous pouvez néanmoins développer une sensibilité à la nourriture, de la même façon que vous vous êtes sensibilisé aux énergies subtiles, en employant les mêmes méthodes qui vous ont appris à « sentir » le cristal, jusqu'à ce que cette conscience vous soit devenue automatique. Notez comment se sent votre corps, quelle sorte de nourriture il semble vouloir. Les aliments nous font nous sentir lourd ou léger; ils ont aussi la qualité du feu ou de la fraîcheur. La viande a tendance à être lourde, les fruits et les légumes légers. Certaines épices seraient plutôt embrasantes.

Pour un travail visant à développer la sensibilité aux cristaux et aux énergies subtiles, il vaut mieux manger des aliments légers, et le végétarisme équilibré est recommandé. Plus tard, lorsque les vibrations de votre corps se sont affinées, vous pouvez ressentir le besoin de vous rapprocher de la terre, et il peut alors être bon pour vous de consommer de la viande. Vous n'êtes pas meilleur ou pire selon ce que vous mangez, et il n'y a rien à dire quant au fait de devoir tuer une forme de vie pour manger. Les plantes, comme les animaux, ont une conscience, et vous-même faites partie de la chaîne alimentaire. Il est néanmoins bon de remercier et d'honorer ce que vous mangez. En un sens, vous absorbez les qualités et la conscience de ceux que vous consommez. Leur corps devient votre corps. Vous pouvez prier pour cet animal ou cette plante que vous assimilez et transformez en conscience, pour qu'ils soient, en quelque façon que ce soit, transformés aussi positivement. Faites ce qui vous semble le mieux.

En résumé, soyez sensible à la nourriture que vous prenez, ne laissez pas seulement le désir, l'appétit et le goût vous guider dans vos choix; appuyez-vous d'abord sur votre intuition, et débrouillez-vous ensuite pour que ce soit bon.

> *Faites ce qui marche pour vous...*

PARTIE IV

SOIGNER AVEC LES CRISTAUX

Que siginifie le terme « soigner » ? En règle générale, la maladie — physique et mentale —, le stress, les douleurs émotionnelles et autres formes de souffrance résultent d'un déséquilibre ou d'une disharmonie.

La vraie guérison doit donc d'abord se concentrer sur le rétablissement de l'harmonie naturelle dans et entre les corps physique, mental et émotionnel. En recréant l'équilibre, on efface la maladie. Tous les processus de guérison qui visent à supprimer les symtômes devraient aussi rétablir l'équilibre.

Il existe de nombreuses méthodes de guérison employant les cristaux, probablement autant que de personnes qui soignent. Comme pour tous les travaux à base de cristaux, écoutez, apprenez chacune d'entre elles, et faites ce qui vous convient le mieux. Ayez le courage et la confiance nécessaires pour vous appuyer sur l'écoute de votre guide intérieur. Il est parfois facile de confondre imagination ou intellect et intuition. Apprenez à saisir la différence, et ayez l'honnêteté de reconnaître vos erreurs; alors seulement, vous pourrez revenir sur vos pas et vous améliorer. La frontière est parfois extrêmement subtile. Vérifiez constamment vos résultats. N'ayez pas peur d'admettre que vous avez tort, que vous vous êtes trompé ou que vous auriez dû faire autrement : c'est de cette façon que vous pourrez continuer à apprendre. En outre, ce n'est pas vous qui pratiquez la guérison mais l'Esprit qui se manifeste à travers vous.

Chaque fois que vous travaillez avec quelqu'un, vous vous remettez réellement en cause, vous vous rendez vulnérable. Il pourrait vous venir des pensées du genre : « Et si ça ne marche pas », « Et si c'est insensé », « Et si l'on se moque de moi », « Et si rien ne se passe après deux jours de travail »... Il est bon de se rappeler, lorsqu'on se propose pour faire ce travail, que l'on s'offre comme un canal. Si vous pouvez rester en dehors de la façon dont l'énergie ou l'Esprit passent en vous, vous parviendrez à guérir mieux.

1. LA GUERISON ACTIVE

La première chose à faire dans toute entreprise de guérison est de purifier la pièce, soi-même et ses instruments. Reliez-vous alors à la terre et équilibrez vos énergies. A partir de là, vous allez pouvoir développer votre sensibilité aux vibrations avec lesquelles vous travaillerez. Sensibilisez ensuite vos mains pour pouvoir sentir physiquement les vibrations du cristal et l'aura ou le champ électro-magnétique du corps que vous soignez. Utilisez la méthode décrite dans la première partie. Vous êtes à présent prêt à procéder au travail de guérison sur la personne qui est venue à vous.

Lorsque vous travaillez avec quelqu'un d'autre, assurez-vous que cette personne soit centrée. Si, après l'avoir vérifié intuitivement, vous sentez qu'elle ne l'est pas, procédez au centrage en utilisant les mêmes techniques que pour vous. Vérifiez de la même façon que son énergie soit bien reliée à la terre et équilibrée, et aidez-la à faire tous les ajustements nécessaires.

Pour commencer vos soins, faites s'allonger la personne. Vous pouvez entourer son corps d'améthystes et placer un quartz rose sur son centre du Coeur. Un cristal à terminaison simple placé sous ses pieds et pointant vers l'extérieur permettra que sortent de son corps les énergies indésirables. Une autre pierre posée au niveau de la Couronne, pointant également vers l'extérieur, évitera que ne pénètrent en elle les vibrations dont on ne veut pas. Faites ce qui vous semble être demandé. Il faut ensuite ouvrir les chakras de cette personne, et les méridiens énergétiques de chaque main et de chaque pied. Utilisez pour ce faire les méthodes que nous vous avons indiquées (ce procédé en lui-même suffit souvent à équilibrer et guérir).

Regardez à présent la personne avec qui vous travaillez. Que pouvez-vous ressentir ? Est-elle ouverte, calme et centrée ? Vous semble-t-elle détendue ? Pour la relaxer, faites-la respirer lentement et profondément. Si vous êtes satisfait, passez à l'étape suivante. Prenez un cristal dans votre main gauche pour vous énergétiser, puis un autre cristal — à terminaison simple ou double — dans votre main droite. Commencez à balayer de cette main le champ d'énergie subtile de la personne, à environ quinze centimètres de son corps. Le cristal que vous avez dans votre main gauche vous énergétise et, de cet endroit calme et centré où vous travaillez, vous balayez l'aura de votre patient de la tête vers les pieds. Choisissez le rythme qui vous permette de sentir au mieux les énergies subtiles. Prenez note de tout désaccord qui puisse s'y produire.

Si la personne souffre d'une maladie précise, n'en déduisez pas que c'est le seul endroit qui puisse présenter un champ énergétique désaccordé. La maladie peut n'être qu'un effet secondaire d'une cause plus importante. Vous avez bien noté l'affection ou la maladie, mais devez couvrir le corps totalement pour déterminer tout ce qui peut se trouver en relation avec elle.

La forme du désaccord que vous pouvez remarquer se manifestera comme une « différence » : un endroit soudain chaud, ou froid, une cassure ou une dépression dans le champ, ou encore des emplacements qui vous semblent plus denses ou plus épais. Prenez-en note. Soyez sûr de passer sur la totalité de l'aura, de gauche à droite, de haut en bas. Vous pouvez soit vous rapprocher, soit vous éloigner de la surface du corps. Après avoir opéré devant, travaillez de la même façon sur les côtés puis sur le dos.

Si quelque chose de particulier gêne cette personne, gardez-le à l'esprit.

Vous pouvez conclure en travaillant directement sur la zone affectée, mais vous pouvez aussi bien découvrir qu'il se passe quelque chose de totalement différent de ce que vous pouviez voir. Si vous ne sentez rien, essayez de passer le cristal plus près du corps ou prenez quelques minutes pour vous recentrer. Souvenez-vous que vous êtes juste en train de noter les perturbations du champ aurique autour du corps : tout ce que la personne va physiquement sentir se manifestera dans son aura. Tout en travaillant, continuez à vous maintenir en état de concentration détendue.

Il arrive assez facilement que l'on se déconcentre et que l'on se tende. Si c'est le cas, prenez quelques inspirations profondes pour vous détendre et vous recentrer. Votre mental peut commencer à se poser des questions; les plus classiques sont : « Je me demande si cela va marcher », « Rien ne se passe », « Je me demande si ce que je fais est bien »... et encore, et encore, et encore... bavardages... bavardages... bavardages...

Mieux vaut se contenter de voir ces pensées et les laisser filer. Refocalisez-vous. Il est normal que votre mental réagisse ainsi : la façon de soigner n'est pas forcément rationnelle et le mental, lui, s'appuie sur la raison. L'état qui convient le mieux à ce travail est semblable à celui que sous-tend le Zen : « aucune pensée ».

Une fois que vous avez relevé toutes les perturbations du corps subtil, il est temps de passer à l'étape suivante. Prenez un cristal à terminaison simple (cristal clair ou améthyste). Vous pouvez vous servir d'une pointe de cristal; pour cette technique, l'utilisation est la même.

En tenant le cristal dans votre main droite, revenez sur une zone de perturbation et travaillez systématiquement de haut en bas, du point le plus fort de la perturbation vers le moindre ou vers le plus subtil. Pointez le cristal là où vous voulez d'abord travailler et commencez à tourner autour de cette zone dans le sens des aiguilles d'une montre.

Sentez le cristal entraîner votre main en une spirale, sur une zone dont le centre se trouve juste à l'endroit où vous subissez comme une petite traction. Tirez vers le haut comme si vous extirpiez quelque chose du corps avec votre cristal, puis dispersez ce que vous avez attiré dans votre cristal vers la terre, où toute négativité sera transmutée.

Faites attention à l'endroit où vous secouez votre cristal, pour ne pas risquer d'atteindre vos plantes, vos animaux domestiques ou quelqu'un d'autre. Vous pouvez aussi l'agiter dans l'air autour de vous, mais prenez bien garde de purifier la pièce où vous l'avez fait pour que toute énergie négative subsistant dans l'espace puisse être transmutée. Il est en général plus sûr de diriger cette énergie vers le sol. Travaillez sur chaque zone de perturbation, jusqu'à ce que vous sentiez que vous en avez fait suffisamment. Vous allez trouver le rythme qui vous est propre en travaillant.

Il peut arriver que vos yeux se ferment. N'oubliez pas de rester focalisé, vous déplaçant de zone en zone jusqu'à ce que vous ayez couvert le corps entier. Ceci peut prendre une heure, deux heures, ou un quart d'heure. Travaillez jusqu'à ce que vous sentiez clairement que cela suffit pour l'instant.

Si votre cristal, pendant que vous opérez, se met à chauffer, semble se ternir ou avoir besoin d'être purifié, trempez-le dans l'eau salée. Vous pouvez aussi faire brûler de l'encens, ou même une bougie, pour avoir un peu de fumée à votre disposition. Rappelez-vous que tout dépend du temps pendant lequel vous pouvez rester concentré. Plus vous l'êtes, meilleurs sont les résultats. S'il vous arrive de perdre momentanément le sens de ce qui se passe dans le corps de la personne avec qui vous travaillez, sensibilisez vos mains et repartez.

En vous servant d'un cristal, vous énergétisez aussi cette personne. Parfois le champ éthérique peut, à certains endroits, sembler ralenti, ou au contraire très accéléré. Utilisez votre cristal et votre mental pour égaliser avec les autres les taux de vibrations propres à ces zones. Ce sera une interaction intuitive entre vous, le cristal et le corps sur lequel vous travaillez.

Vous allez vous sentir guidé, serez attiré par un emplacement particulier, ici, là, faire ci, faire ça. Ecoutez ces directives que vous sentez ou entendez en vous. Ecoutez votre voix intuitive. Plus vous travaillerez avec elle, plus elle prendra d'importance.

Pendant les soins, faites attention à ce que vous-même éprouvez dans votre corps. Ceci va aussi vous guider pour savoir ce que l'autre ressent. Une connexion empathique s'établit entre vous deux et ce qui se passe dans votre corps vous donnera encore plus d'informations sur la façon de procéder. Si par exemple, vous ressentez une tension dans vos épaules et réalisez que cette personne éprouve la même chose, vous allez travailler sur cette zone. Ce faisant, vous pourrez sentir votre corps réagir de différentes façons, tout comme le sien. C'est un autre moyen de canaliser l'énergie. Vous pouvez sentir en vous des picotements ou des battements. Si vous vous sentez étourdi ou tendu sans raison en travaillant, faites quelques longues et profondes respirations, faites tourner légèrement ou complètement votre cou pour ouvrir les canaux supérieurs, reliez-vous de nouveau à la terre ou buvez de l'eau. (Ne buvez pas l'eau dans laquelle vous purifiez vos cristaux).

Il vaut mieux éviter, lorsque vous travaillez avec quelqu'un, toutes les sources de distraction dans la pièce : enfants, animaux, téléphone ou autres. De telles interférences peuvent rompre le calme et la focalisation dont vous avez besoin.

Lorsque vous aurez terminé, la personne que vous avez soignée sera très ouverte. Ses mécanismes naturels de filtrage auront été activés, au point qu'elle pourrait sans discrimination attirer en elle toutes les vibrations avec lesquelles elle sera mise en contact. Il faut pouvoir la refermer et vous le ferez de la façon suivante : vous pouvez soit vous servir de votre respiration en soufflant, soit utiliser vos mains en balayant horizontalement sur le corps, dans la zone du centre du Coeur. On peut aussi se servir d'une plume. Sentez, créez, visualisez un vent léger. Vous pouvez aller de droite à gauche, de gauche à droite ou dans les deux sens. La personne sera ainsi prête à affronter le quotidien. Ceci fait, balayez rapidement le corps à environ quinze centimètres de la peau, de la tête vers les pieds et jusque dans le sol. Vous évacuez ainsi vers le sol, où elle sera transmutée, toute énergie négative susceptible de s'être attardée dans ou sur le corps.

La personne avec qui vous travaillez va se sentir très détendue. Vous pouvez opérer de la même façon avec votre souffle, des cristaux, des instruments de cristal ou des plumes. Souvenez-vous qu'il faut toujours travailler de la tête vers les pieds et y mettre de la vigueur.

Lorsque vous avez terminé, vous devez procéder à quelques étapes importantes. En travaillant, vous risquez d'attirer en vous la négativité que vous avez enlevée à la personne que vous soignez. Ce n'est pas ce que vous vouliez, étant donné que vous risquez d'en être vous-même affecté; c'est l'un des problèmes majeurs des guérisseurs et il est extrêmement important d'apprendre à renouveler toute votre énergie après avoir procédé à une telle séance. Si vous ne vous débarrassez pas de cette négativité, vous risquez de vous sentir mal, de connaître des sautes d'humeur, de devenir nerveux, de perdre ou de prendre du poids, de vous sentir « consumé », fatigué tout le temps. Le plus souvent, vous vous sentirez malade.

Pour vous purifier après une séance de guérison, commencez par laver vos mains à l'eau froide. Ceci va empêcher l'énergie de passer de vos mains à vos poignets, puis à tout votre corps. Posez vos mains à terre, puis, debout, brossez vigoureusement votre corps entier, de haut en bas : la tête, le dos, l'estomac, les pieds, vers le sol. Remettez vos mains au sol. Il suffit parfois d'un instant de connexion avec la terre. Procédez ainsi, jusqu'à ce que vous sentiez que c'est assez. Faites ensuite des fumigations pour purifier tout ce qui vous entoure, votre patient et vous-même, ou faites ce que vous aviez fait pour purifier la pièce avant la séance. N'oubliez pas vos cristaux et les instruments dont vous vous êtes servi.

Il arrive souvent que la personne avec qui l'on travaille s'endorme. Que ceci ne vous empêche pas de continuer; il n'est même pas nécessaire que cette personne croie vraiment que ce que vous êtes en train de faire va l'aider. Tout ce qu'on peut lui demander est de bien vouloir être réceptive. Il y a d'autres points à considérer lorsque vous avez choisi de travailler selon cette méthode. Soixante-douze mille nerfs subtils se rejoignent au niveau du plexus solaire, où ils mêlent et redistribuent les énergies dans le corps. Assurez-vous d'être bien en résonance et de travailler avec cette zone pour que les énergies subtiles puissent être réparties dans le corps de façon appropriée. Dans le corps restent imprimées les émotions, les communications qui n'ont pu être exprimées. La colère rentrée reste au niveau du plexus solaire; la tristesse et tout ce qui est tu stagne au niveau de la gorge.

Si, pendant votre travail, vous sentez ces émotions, agissez sur la zone correspondante. Vous pouvez tout à coup, en travaillant à un endroit précis, ressentir par exemple de la tristesse. Souvenez-vous en, car vous pourrez en suite en parler avec la personne que vous traitez. Ces sentiments, ces communications inexprimées sont souvent de très près liées à leur malaise actuel.

Il faut aussi que vous soyez capable de ressentir l'énergie qui sort par les doigts de votre patient; si elle est bloquée, vous sentez comme une petite boule d'énergie dans la main et rien au bout des doigts. Il en est de même pour les pieds et pour le sommet du crâne. Il doivent être ouverts et émettre de l'énergie. Tous ces centres ne sont équilibrés que s'ils sont ouverts et en harmonie les uns avec les autres. Faites appel à vos cristaux pour ouvrir ces zones et attirer l'énergie qui devrait en sortir. Si vos pensées vagabondent, ignorez-les. Restez centré et faites votre travail.

Vous pouvez aussi avoir envie de travailler en recevant les impressions de votre patient. On aime parfois avoir un écho immédiat de ce qu'on est en train de faire, comme « Je ressens ceci ou cela » ou « Il ne se passe pas grand chose ici ». Mais la plupart du temps, ce feedback interfère avec votre travail car il rompt votre concentration et celle de votre patient. Vous choisirez donc de préférence de travailler en silence, et d'attendre la fin de la séance — ou une pause — pour recueillir les impressions verbales de la personne que vous soignez. Rappelez-vous : plus vous serez concentré, mieux vous pourrez soigner.

A la fin de la séance, ne buvez ni n'utilisez l'eau qui vous a servi à rafraîchir vos cristaux. Versez-la dans la terre, qui transmutera toute négativité résiduelle. Lorsque vous êtes en train de soigner, vous devez être aussi conscient que possible de tout ce qui est impliqué. Le travail que vous faites, l'environnement, les instruments, tout. Si vous sentez votre focalisation dévier ou si la fatigue apparaît, prenez dans votre main gauche le cristal destiné à vous énergétiser ou portez-le un instant sur votre troisième oeil. Cela va vous aider à vous concentrer, et serrer le cristal dans votre main gauche va attirer des forces en vous.

Quand vous travaillez, observez où peuvent se produire les tensions : les mains de votre patient sont-elles ouvertes et détendues ? Ses mâchoires sont-elles crispées, son front plissé, ses épaules raides ? Soyez conscient de tout ceci. Vous pouvez disperser l'énergie avec le cristal que vous tenez dans votre main droite. Vous allez ainsi remarquer que vous travaillez différemment selon chaque zone. Ici, vous allez vous sentir très calme et opérer doucement. Là, vous allez projeter une grande énergie. Sentez-vous libre de vous laisser aller, même si vous deviez vous retrouver en train de danser autour de votre patient. Parfois, une seule séance de travail suffit pour que la guérison soit effective; parfois il en faut plusieurs.

En pratiquant vos soins, soyez ouvert à tout. La guérison peut ne pas ressembler à ce que vous attendiez. Ce qui peut vraiment guérir votre patient veut vous sembler apparemment terrible. Quelqu'un peut par exemple venir vous trouver avec une cheville foulée. En travaillant, vous allez vous rendre compte que la cheville a toujours aussi vilaine apparence, mais que soudain la gorge semble très ouverte. Il se peut que la véritable guérison ait été d'ouvrir le centre de la gorge, plutôt que d'effacer la douleur de la cheville.

Rappelez-vous que c'est l'Esprit qui passe en vous lorsque vous soignez. Vous vous ouvrez à lui. Ne vous sentez invalidé si la procédure de guérison ne ressemble pas à ce que vous aviez imaginé, ou si les résultats ne sont pas immédiats. Sachez qu'avec de la pratique, les choses deviendront plus faciles et les résultats plus effectifs.

Il faut aussi savoir que l'origine des maladies ou des problèmes physiques peut être karmique, pour des raisons qui supposent une destinée ou un but dépassant ce que l'on peut voir sur terre. Dans ce cas, rien ne saurait être réglé avant que le karma ne soit accompli. Faites du mieux que vous pouvez. Priez pour être guidé. Il est très utile de se concentrer sur la phrase : « Pas ma volonté, mais la Tienne » ou « Puissè-je faire selon Ta volonté ».

2. VISUALISER AVEC LES COULEURS ET LES SONS

Voici une façon de soigner avec les cristaux qui s'appuie sur la visualisation, la lumière et le son. Vous allez entourer votre patient avec de gros cristaux éthériques qui vont créer autour de lui un champ protecteur et énergétisant. Avec l'aide la concentration, c'est une technique très puissante. Elle demande la participation active de la personne que vous soignez. Avec la méthode de la spirale que nous décrivions plus haut, le patient n'a pas à être particulièrement réceptif, alors que, pour la visualisation, il va devoir suivre les instructions orales que vous lui donnerez. Nous allons vous décrire tout ceci en détail. Il vaut mieux, pour les premières fois, suivre les explications à la lettre. Ensuite, vous pourrez adapter la méthode si vous vous sentez appelé à le faire.

Tenez dans votre main droite un cristal clair à terminaison simple, tenez un autre cristal dans la main gauche — quartz fumé ou améthyste —, pointe dirigée vers votre bras. Le quartz fumé vous procurera de l'énergie et vous aidera à garder votre liaison à la terre, l'améthyste vous donnera de l'énergie pour la guérison.

Pour commencer, asseyez-vous en face de votre patient. Fermez tous deux les yeux en vous concentrant sur votre troisième oeil, respirez longuement et profondément par le nez pendant environ trois minutes. Relâchez toutes vos tensions. Centrez-vous tous les deux selon l'une des techniques indiquées dans ce livre. Ensuite, commencez à ouvrir les centres d'énergie de votre patient avec le cristal que vous tenez dans la main droite, toujours selon les méthodes que nous vous avons proposées. Entourez-vous d'un champ de cristaux pour vous énergétiser et vous protéger tous deux. Dans cet espace, aucun mal ne peut vous arriver.

Pointez le cristal vers la Couronne de la personne qui vous fait face; visualisez une lumière claire, s'infiltrant par en haut dans le cristal et ressortant par la pointe vers son chakra coronal. Voyez clairement cette lumière dorée : elle va effacer tous les blocages. Appuyez-vous sur votre sensibilité; voyez-la entrer par le sommet du crâne et cherchez-y les éventuels blocages.

Pendant tout le processus, vous pouvez diriger votre patient en lui décrivant le cheminement de la lumière qui descend au fur et à mesure. Si lui-même ressent quelque blocage, une tension ou une douleur, faites-le inspirer puis expirer. Sur l'expir, le blocage sera relâché : la lumière en attaque la densité jusqu'à ce qu'il soit dispersé. Après avoir traversé toute la tête, elle descend dans le cou. Sentez et faites sentir à votre patient l'apaisement que procure une tête libérée de toute tension. Faites ensuite descendre la lumière dans la gorge : si vous y sentez quelque tension, inspirez, expirez, relâchez-la.

Dirigez-vous ensuite vers les épaules, puis la poitrine. Purifiez les poumons et tous les organes supérieurs, sentez la lumière. Elle descend à présent le long du dos, en haut d'abord, dans toute la zone des épaules. Tout à présent est doré. Que tous les blocages se relâchent, que la lumière disperse toute densité.

Vous pouvez aussi visualiser une lumière grise qui sort du corps au fur et à mesure que la lumière dorée la chasse. Continuez à partager votre visualisation avec votre patient. Lorsque vous sentez que la zone sur laquelle vous travaillez est tout à fait claire, continuez de descendre.

Avec votre cristal, guidez la lumière vers l'estomac et le thorax. Elle y entre, elle dissout tout blocage. Passez dans le dos, assurez-vous que la lumière a totalement investi le haut, le milieu, le bas du dos. Maintenez bien votre focalisation. Plus la visualisation sera forte, meilleur sera le soin.

Faites attention aux bras : que la lumière d'abord emplisse le bras gauche, qu'elle descende par le coude, l'avant-bras, les doigts. Imaginez la lumière grise qui sort par les doigts, repoussée par des torrents de lumière dorée. Faites ensuite la même chose avec le bras droit. Après les bras, passez à l'abdomen et dirigez votre lumière vers les intestins et le plexus solaire, puis les hanches, les fesses.

Sur chaque tension, respirez; inspirez puis expirez en envoyant la lumière de votre cristal dans les blocages. Suggérez toujours à la personne que vous soignez d'en faire de même. Passez sur les organes sexuels puis sur le haut des cuisses. Tout l'abdomen est à présent investi de lumière dorée. Il n'y a plus aucune résistance. La lumière transmute tout sur son passage.

Descendez vers les jambes. Commencez par la cuisse gauche, devant, derrière. Emplissez-la de lumière. Passez au genou. Voyez la lumière partout, dans chaque articulation, dans la peau, dans les muscles, dans la chair, le sang, tout. Continuez à descendre. Vous êtes dans la jambe, puis dans la cheville, le haut du pied, le milieu du pied. Voyez la lumière grise, chassée par la lumière dorée, sortir par les orteils. Passez alors à l'autre jambe et procédez de même. Travaillez à votre rythme.

Pendant que la lumière opère directement avec votre cristal, vous pouvez sentir à certains moments que vous devez le serrer, que c'est lui qui vous dirige. Vous pouvez avoir envie de le serrer fort ou, à d'autres moments, doucement. La façon dont vous le tenez peut changer constamment.

Lorsque vous avez totalement empli le corps de lumière dorée, asseyez-vous tranquillement près de votre patient dans cet espace harmonieux. Vous allez à présent vitaliser et équilibrer directement chaque chakra avec une couleur et un son. Quand chacun d'entre eux sera en équilibre, la guérison se mettra en place sur les zones physiques, mentales et émotionnelles qui leur sont associées.

Pointez le cristal que vous tenez dans la main droite vers le centre du Coeur; vous pouvez placer la pointe directement sur le chakra ou à plusieurs centimètres en retrait. Faites ce qui vous semble convenir le mieux.

Visualisez une lumière verte qui arrive dans votre cristal et, dans le même instant, envoyez-lui le son « AHH ». Le cristal va les projeter par la pointe, de sorte que le chakra du Coeur sera empli des vibrations de la couleur verte et du son émis. Poursuivez, jusqu'à ce que vous sentiez que c'est suffisant pour le moment. Vous pouvez procéder de manière très intense, à la façon d'un rayon laser, ou bien de façon douce, comme pour un léger massage.

Déplacez-vous ensuite vers la gorge et visualisez une couleur bleu turquoise arrivant dans cristal et le traversant pour ressortir par la pointe, que vous dirigez vers la gorge. Posez-la légèrement sur le chakra de la Gorge. Visualisez le turquoise et émettez le son « OOOO ». Faites vibrer votre gorge avec le son, faites-le entrer dans le cristal, le traverser et sortir par la pointe pour, finalement, toucher la gorge de votre patient. Emplissez-la de lumière turquoise, énergétisez-la.

Lorsque vous sentez que cela suffit, déplacez votre cristal vers le Troisième Oeil. Imaginez une couleur de lapis, un bleu royal, profond, qui coule à flots dans votre cristal. Faites vibrer votre Troisième Oeil avec le son « EEEEH », que vous envoyez dans votre cristal pour qu'il le traverse et l'émette par sa pointe, vers le Troisième Oeil de votre patient. Vous pouvez avoir envie de tendre les bras et les garder raides pour canaliser l'énergie dans le cristal, comme s'il n'y avait qu'un long bâton de votre épaule jusqu'au bout du cristal. Essayez pour voir. A d'autres moments, vous préfèrerez juste tenir légèrement le cristal.

Remontez à présent vers le chakra coronal. Dirigez la pointe du cristal vers la Couronne en visualisant une couleur améthyste, violette. Sur le son « MMMM« , envoyez dans le cristal votre couleur qui ressortira par la pointe et atteindra le chakra coronal de votre patient.

S'il vous est difficile de changer de couleur lorsque vous changez de chakra, vous pouvez, entre deux, secouer vigoureusement votre cristal, comme si vous vouliez en faire sortir la couleur, et prendre le temps de la voir quitter le cristal. Si vous avez de la fumée de sauge ou de cèdre, servez-vous en pour purifier votre pierre entre chaque couleur.

Lorsque vous sentez que vous avez terminé, vérifiez chacun des chakras. Voyez s'ils sont en équilibre les uns par rapport aux autres. Si vous sentez encore de légers déséquilibres, rétablissez l'harmonie.

La prochaine étape va consister à équilibrer les états émotionnels. Si votre patient éprouve, par exemple, quelque tristresse, ajoutez un peu de jaune soleil pour l'égayer. Vous pouvez utiliser pour ce faire visualisation ou son. Imaginez la couleur que vous allez envoyer dans le cristal. Quel est le son qui lui ressemble ? Si elle avait un son, comment résonnerait-il ? Chantez-le, en continuant d'imaginer la couleur. Vous pouvez envoyer l'énergie d'une citrine dorée vers votre patient.

Essayez ensuite de vous représenter le corps mental ou l'état mental général. Comment votre patient se sent-il à ce niveau ? Vous pouvez sentir vibrer une crispation autour de sa tête, une activité mentale tendue. Quel est son état d'esprit ? Une fois que vous l'avez bien senti, trouvez sa couleur, puis imaginez l'état mental qui pourrait soulager cette personne et la couleur qui lui correspond. Quel son pourrait représenter ce mental guéri ? Envoyez ce son dans votre cristal pour qu'il le traverse et atteigne sa tête, ou son Troisième Oeil. Vous chargez constamment la vibration du cristal que vous tenez dans votre main droite avec ce son et cette couleur; cette vibration va à l'encontre de celle du corps de votre patient et la transforme. Elle transforme son corps.

Un cristal représente une infinité de possibilités pour un seul instrument.

Lorsque vous sentez que vous avez suffisamment travaillé sur les corps émotionnel et mental, entourez complètement la personne que vous soignez de lumière claire et dorée avec votre cristal. Cette aura dorée va l'encercler, la protéger et l'énergétiser. Recherchez le son qui lui correspond et chantez-le en visualisant la lumière.

Ceci fait, imaginez un cordon doré d'énergie qui part du bas de sa colonne vertébrale jusque dans la terre. Ceci va la connecter aux possibilités de nutrition et de transmutation de la terre. Voyez à présent votre patient comme un pur canal entre « les cieux » par le centre coronal et la terre, par la plante des pieds. En dernier lieu, comme pour le précédent processus de guérison « fermez » votre patient et balayez-le vigoureusement de la tête aux pieds avec votre cristal. Balayez toute énergie négative, tout déséquilibre vers la terre, puis lavez vos mains, purifiez-vous, de même que vos instruments et l'endroit où vous avez travaillé.

3. L'EAU CHARGEE

Une autre méthode, qui ne convient pas seulement à la guérison mais aussi au maintien d'une bonne santé, est de charger de l'eau avec des cristaux et d'autres pierres de couleur. Cette technique est bonne aussi pour énergétiser votre corps, vous donner un sentiment de vitalité et de bien-être accrus.

Emplir un récipient de verre transparent d'eau distillée ou d'eau de source pour la charger. Choisir ensuite un cristal de quartz clair ou une pierre de couleur, quelle qu'elle soit. Cette pierre doit avoir une qualité ou une vibration qui soit associée à celle que vous sentez être bonne pour votre corps. Si, par exemple, vous vous sentez malade un jour, vous pourriez prendre une améthyste, bonne pour tous les types de guérison. De même, vous pourriez choisir un cristal clair si vous sentez que vous avez besoin d'augmenter votre énergie. On peut aussi l'utiliser en prévention contre la maladie.

Purifiez votre pierre avant de vous en servir, puis programmez-la si vous le désirez. Déposez-la ensuite dans le récipient rempli d'eau. Sensibilisez vos mains et focalisez-vous sur votre récipient. Tenez vos mains, paumes dirigées vers le bas, à environ 6-7 centimètres au-dessus de l'eau. Si elles sont sensibles et si votre concentration est forte, vous allez sentir entre vos mains et l'eau comme un frémissement. Faites ensuite tourner vos mains, paumes toujours dirigées vers le bas, deux ou trois fois dans le sens des aiguilles d'une montre. Vous allez remarquer une réelle transformation de ce que vous éprouviez entre vos paumes et l'eau. Vous avez vraiment changé les propriétés de l'eau, qui à présent a intégré les qualités de la pierre que vous y avez déposée. Vous pouvez goûter la différence. L'eau s'est chargée non seulement de l'énergie de la pierre et de la couleur mais également de celle du programme que vous aviez inscrit dans le cristal. Lorsque vous boirez cette eau, elle affectera votre corps en conséquence.

S'il y a urgence, vous pouvez boire une tasse de cette eau immédiatement. Les effets, cependant, seront beaucoup plus forts si vous placez le récipient au soleil pendant une heure, un jour ou même trois jours. Vous pourrez alors la boire, ou la conserver au réfrigérateur pour la boire plus tard. Vous pouvez préparer plusieurs récipients d'eau chargée à l'avance — chacun avec une couleur ou un type de pierre différent — dont vous vous servirez ultérieurement (si vous avez programmé les pierres, mettez une étiquette sur chaque récipient de façon à savoir exactement ce qu'il contient).

Certains recommandent de ne se servir que d'une seule couleur par récipient, d'autres disent que l'on peut les mélanger, de même que les différents types de pierre. Faites ce qui vous semble vous convenir le mieux.

Lorsque vous l'utilisez pour un patient, vous pouvez charger l'eau et la préparer pour qu'il puisse l'emporter et la boire les jours suivants. Faites aussi attention au dosage de l'eau et à ses effets. Quelques gouttes, parfois, suffisent. Dans les cas de maladies aiguës, on peut boire une tasse tous les quarts d'heure pendant la première heure, puis un peu moins le reste de la journée. Faites vous-même l'expérience et vérifiez vos résultats.

4. GUERIR PAR LA COULEUR

Commencez d'abord par bien connaître les couleurs, et par bien savoir quand et comment les utiliser. Sachez quelle couleur doit vous servir pour une personne dans une situation particulière, en vous appuyant sur votre voix intérieure avec, à l'esprit, ce que vous avez appris des couleurs en général. Il existe plusieurs systèmes. Ils conviendront à certaines situations et pas forcément à d'autres. Chaque situation est différente, chaque patient l'est également.

Pour développer votre propre sens du travail avec les couleurs, considérez d'abord ce qui se passe chez votre patient pour pouvoir cerner son état et la couleur à lui mettre en relation. En vous focalisant sur la transformation que vous désirez opérer, voyez la couleur qu'il exprime. Prenons un exemple : votre patient a la fièvre. Fermez vos yeux et centrez-vous un moment. Comment ressentez-vous la fièvre dans votre propre corps ? Quelle couleur a-t-elle ? Que voyez-vous dans votre tête ? Choisissez la première couleur qui spontanément apparaît. N'utilisez surtout pas votre intellect : basez-vous sur votre intuition. Quelle couleur voyez-vous ? Le rouge, oui, un rouge-feu. Imaginez à présent que la fièvre a disparu. Comment le ressentez-vous ? Calme, frais. Quelle est la couleur qui vous vient à l'esprit ? Le bleu — parfois le vert. Prenez alors votre cristal et canalisez cette lumière bleue ou verte vers la zone enfiévrée.

Souvenez-vous que, pour canaliser la lumière, vous pouvez utiliser un cristal clair et une visualisation ou prendre une pierre de la couleur même. Vous pouvez aussi entourer votre patient d'améthystes, pour une guérison du corps entier, ou utiliser une lumière blanche pour l'énergétiser. C'est la manière de procéder à la base, mais c'est juste une façon de faire. L'essayer vous permettra de contrôler vos résultats. Deux jours plus tard, demandez à votre patient comment il se sent. Pour davantage de détails, référez-vous au paragraphe sur les couleurs et les pierres de couleur.

A. GUERIR PAR LA MEDITATION

Voici à présent une méthode de guérison basée sur la visualisation dans un cristal, que vous pourrez utiliser sur autrui ou sur vous-même. Ecoutez-la sur un magnétophone ou demandez à quelqu'un de vous la lire. Vous pourrez la mettre en application en écoutant.

B. LE SENTIER DU CRISTAL

Asseyez-vous en position droite et placez devant vous un cristal naturel de quartz, de façon à pouvoir le voir — ou bien tenez-le dans votre main gauche, de façon à pouvoir le fixer. Si vous n'en avez pas, imaginez-en un : fermez les yeux et voyez un cristal. Fixez-le, et trouvez un endroit qui vous attire. Approchez, regardez-le de plus près. A quoi ressemble-t-il ? Regardez-le de plus près encore. Concentrez-vous vraiment sur cet endroit, notez chaque petit détail. Prenez l'un de ces détails et regardez-le de très près.

Alors que vous l'observez, il vous semble vous approcher plus près, plus près, de plus en plus près. Vos yeux se ferment alors que vous vous approchez, et soudain vous êtes entouré par les parois du cristal de quartz. Vous êtes assis au fond du cristal. Sa pointe est au-dessus de vous. Vous sentez, au-dessous de vous, le fond du cristal.

Quelle température fait-il à l'intérieur ? A quoi cela ressemble-t-il ? Remarquez comme la lumière est claire. Vous pouvez percevoir autour de vous une vibration très rapide, régulière, protectrice.

Commencez à présent à respirer longuement, profondément. Inspirez en emplissant vos poumons, inspirez; puis expirez : videz totalement vos poumons; continuez. Inspirez... Expirez. Inspirez... Expirez. Tout en respirant, prenez conscience d'une lumière verte qui émane de votre coeur. Voyez comme elle devient plus forte sur chaque inspir, alors qu'elle demeure stable sur chaque expir. Inspirez : La lumière s'accroît. Expirez. Continuez vos respirations. La lumière verte emplit à présent toute la zone autour de votre coeur. Inspirez... Expirez.

Portez maintenant votre attention sur votre gorge. Voyez-la progressivement se teinter d'une lumière turquoise très brillante, la couleur du ciel, turquoise. Inspirez... Expirez. Sur votre inspir, la lumière turquoise brille plus fort, plus fort, s'étend plus loin, jusqu'à ce que toute la zone autour de votre gorge soit baignée de turquoise.

Portez-vous à présent vers le milieu de votre front; vous y voyez une lumière bleu roi. Respirez. Inspirez... Expirez... Inspirez... Expirez. Inspirez... Expirez. Et la zone autour du Troisième Oeil se teinte d'un bleu roi brillant, brillant, de plus en plus brillant. Dirigez ensuite votre attention sur le sommet de votre tête et voyez se dégager une lumière violette. Vos respirations sont longues, longues, et vos expirs font vibrer la lumière. Faites-la grandir, encore et encore. Elle part du sommet de votre crâne et s'étend aussi loin que vous pouvez voir. Une lumière violette. Laissez-la descendre et vous entourer de chaque côté, devant, et derrière vous. Vous êtes totalement entouré de lumière violette, totalement entouré de calme lumière violette. Détendez-vous dans la lumière, goûtez son éclat, goûtez ce sentiment. Sentez le calme, la paix qu'elle procure. Le violet est très « guérissant », doux, apaisant, fort. Violet.

Regardez à présent les limites de votre corps : votre peau, qui semble vous séparer de cette lumière violette qui vous entoure. Faites que cette lumière, qui est encore à l'extérieur de vous, soit maintenant attirée à l'intérieur. Vous attirez en vous sa bienfaisance. Trouvez en vous, sur votre corps, tous les endroits qui demande des soins et attirez en eux la lumière violette qui va les purifier, les soulager. Pas de souffrance, pas de résistance. Douceur. Paix. Empli de violet, partout dans votre corps où vous sentez le besoin d'être purifié.

Emplissez ensuite totalement votre corps de lumière violette « guérissante ». Vous vous sentez paisible, content.

Pensez à toutes les émotions qui puissent être associées à une maladie, une circonstance, et notez celles qui ont pu être particulièrement douloureuses. Laissez alors la lumière violette traverser votre coeur, votre tête, votre corps tout entier et les laver de toute peine, les calmer, jusqu'à ce que vous soyez détendu, baignant dans le violet, le mauve, l'améthyste, la lumière violette. Voyez maintenant comment vous vous sentez. Voyez comme vous semblez vibrer dans le violet. Voyez ses vibrations partout en vous.

Portez votre attention sur votre environnement : comment le ressentez-vous ? Est-il en harmonie avec la vibration violette qui vous emplit ? Remarquez tout ce qui pourrait ne pas l'être, tout ce qui ne serait pas en équilibre avec vous. Emplissez tous ces endroits de lumière violette, puis faites de même avec votre environnement tout entier, jusqu'à ce que tout soit harmonieux : il n'existe plus de différence entre vibrations, sentiments, plénitude et paix, en vous et dans tout ce qui vous entoure. Détendez-vous dans cet environnement, voyez comme vous vous sentez plus reposé, plus paisible, plus joyeux. Détendez-vous. Etendez la lumière violette au-delà de vous, étendez-la aussi loin que vous pouvez voir : devant vous, sur le côté droit, derrière vous, sur le côté gauche, plus loin, tout autour de vous, de tous les côtés. Puis faites-la descendre au-dessous de vous, de plus en plus loin, aussi loin que vous pouvez voir en-dessous et sentez cette lumière violette au-dessous de vous, améthyste curative. Et au-dessus de vous : voyez le violet au-dessus de votre tête, étendez la lumière violette, faites-la vibrer plus haut, plus haut, encore plus haut : aussi loin que vous pouvez voir, tout est violet au-dessus de votre tête, améthyste. Tout autour de vous est calme, paisible, sain, complètement sain. Vous baignez dans un sentiment de plénitude. Relaxation complète. Satisfaction.

Alors que, maintenant, vous regardez autour de vous et voyez du violet partout, aussi loin que vous pouvez voir, commencez à ramener ce violet vers vous, plus près, plus près, et prenez conscience que, bien que vous le rameniez vers vous, le violet continue de vous entourer. Vous sentez cependant que vous le ramenez plus près, jusqu'à ce que vous puissiez voir des limites, la peau de votre corps. Sentez la peau de votre corps, sentez la pression au-dessous de vous, le sol au-dessous de vous. Ce sentiment du sol au-dessous de vous. Sentez sa solidité.

Portez à présent votre attention sur votre respiration : inspirez, emplissez vos poumons, retenez votre souffle et expirez en vidant complètement vos poumons. Continuez de respirer, ressentez votre respiration. En la sentant, voyez les parois du cristal dans lequel vous êtes assis. Regardez autour de vous et voyez ses parois. Remarquez comme votre environnement est entièrement de cristal, d'un blanc chatoyant; lumière claire, vibration élevée, énergétisante. Cristal de quartz clair.

Alors que vous êtes assis et regardez devant vous, une porte s'ouvre, et vous invite à sortir. Voyez-vous marcher vers cette porte et sortir. Tournez-vous et quittez le cristal. La porte se ferme. Vous la voyez fermée, tout en vous éloignant, encore et encore. Le cristal semble rapetisser et venir vers vous, jusqu'à ce que vous le teniez dans votre main gauche ou bien vous rappeliez qu'il est là, devant vous. Visualisez à présent ce cristal, posé, devant vous ou dans votre main gauche. Visualisez-le. Si vous le tenez, sentez-le. Faites-le tourner dans votre main et voyez comment vous le sentez. S'il est en face de vous, voyez-le en face de vous. Regardez-le. S'il est dans votre main gauche, regardez-le, fixez le cristal et notez ce que vous ressentez. Calme, paisible, content, guéri.

5. COMMENCER
ET AUTRES CONSIDERATIONS

Maintenant que nous vous avons présenté quelques techniques de guérison, comment allez-vous pouvoir réellement commencer ?

La première chose à faire est de travailler sur vous-même avec vos cristaux : opérez sur votre famille, vos animaux familiers et même vos plantes. Commencez par noter ce qui vous entoure dans votre environnement immédiat. Y voyez-vous équilibre et harmonie ? Si la réponse est positive, voyez quels sont les facteurs qui y contribuent. Soyez honnête dans vos observations. S'il y a disharmonie, qu'est-ce qui occasionne le manque d'équilibre ?

En travaillant d'abord sur vous-même, votre famille et votre environnement quotidien immédiat, non seulement vous acquerrez une véritable expérience mais aussi vous créerez, en vous et autour de vous, une base solide de vitalité, de santé, d'harmonie et de sagesse à partir desquelles vous pourrez travailler. Alors, vous aurez vraiment quelque chose à offrir à autrui. Plus vous travaillerez sur vous-même, plus les personnes que vous allez rencontrer le remarqueront et vous demanderont si vous voulez travailler avec elles. Vous allez dégager autour de vous une certaine présence et montrer des résultats que chacun pourra constater. Lorsque vous travaillerez avec autrui et obtiendrez des résultats, vos aptitudes à soigner et votre désir de servir atteindront de plus en plus de gens par le bouche à oreille.

Vous aurez besoin de courage pour travailler avec les cristaux. Même si vous pouvez comprendre que c'est l'Esprit qui oeuvre à travers vous, ce sera toujours détourné de la part d'autrui et c'est sur vous que les autres placeront leur attente. Les gens, généralement, s'attendront à voir certains résultats lorsqu'ils viendront à vous, et ne réagiront probablement pas bien s'ils ne les ont pas.

Chaque fois que vous faites ce travail, vous devez vous ouvrir au flux de guérison qui passe par vous, et vous pouvez vous sentir vulnérable. Vous pouvez vous sentir comme si vous vous placiez dans une situation de risque. Lorsque vous êtes centré, cependant, vous savez qu'il n'y a pas de risque : vous êtes toujours ce que vous êtes, quelles que soient les projections que les autres placent en vous. Rien n'est jamais perdu ou gagné. Mais l'on sent quand même parfois des risques à être ouvert, vulnérable, lorsque l'on exerce un travail de guérison. Vous vous mettez vous-même en cause. Cela demande un certain courage d'aller de l'avant et de prendre le risque.

Lorsque vous opérez avec les autres, il est utile de parler franchement avec eux avant d'aborder tout travail de guérison. Expliquez que vous vous proposez d'être un canal et que la guérison peut différer de ce que l'on attend. Ne promettez pas ce que vous ne pouvez pas contrôler jusqu'au bout. Offrez d'essayer et voyez ce qui se produit. Ainsi votre interlocuteur saura à quoi s'attendre et sera plus ouvert à vos soins.

Si votre approche suggère à l'autre qu'il ne peut évidemment pas se soigner lui-même, il s'en trouve affaibli — alors même que vous voulez justement lui donner davantage de force. S'il est affaibli, il ne peut pas faire ce qui justement permettrait que la guérison soit effective : participer avec vous au processus. Il est donc important de rappeler que vous êtes uniquement un canal et de le bien faire comprendre à votre patient.

Ce qui pourrait vous arriver et interférer également dans vos travaux, c'est le doute. Il faut que vous décidiez de passer par-dessus, d'aller de l'avant et de faire votre travail. Le doute se manifeste de nombreuses façons. Prenez-en conscience et dépassez ce stade. Chaque guérisseur traverse tôt ou tard ce genre d'épreuve et certains même doutent chaque fois qu'ils opèrent. Une fois que vous avez commencé à travailler et que l'énergie se met à vous traverser, vous devenez plus conscient et le doute disparaît. C'est exactement comme le trac lorsque l'on monte sur une scène. Juste avant d'entrer en scène, le trac est à son comble. Dès que vous êtes entré et vous mettez à jouer, il disparaît.

Il peut aussi arriver que vous ayez peur : peur de faire quelque chose de mal, peur d'être trop « ailleurs » dans cet état méditatif, peur de n'être pas sûr de ce qui va se produire, peur que l'on rie de vous ou peur d'une attaque psychique. Il faut que vous réalisiez que si vous vous en remettez à l'Esprit qui va se servir de vous, vous allez être guidé, vous serez également protégé. Je ne saurais l'exprimer suffisamment fort, mais le fait est.

Si vous ressentez le besoin de vous protéger, il y a plusieurs choses que vous puissiez faire. Vous pouvez vous entourer d'une lumière dorée, comme si vous étiez dans un oeuf, et voir toute négativité venant vers vous se briser sur la coquille ou être déviée par cette lumière dorée. Vous pouvez aussi envelopper toute cause de frayeur d'une lumière rose ou parfois vert clair, provenant de votre coeur. Tout ce qui vous fait peur sera entouré d'une énergie d'amour et sera, de cette façon, résolu. Il se peut que, parfois, vous attiriez quelque négativité vers votre coeur ou votre Plexus Solaire. Un cristal porté sur ces chakras aura un effet réflexif : il renverra la négativité d'où elle vient. Néanmoins, plus le coeur est ouvert, moins vous avez affaire à la peur et au doute.

Le travail avec les cristaux canalise d'énormes quantités d'énergie qui traversent votre corps, et parfois celui de la personne que vous soignez. La plupart du temps, vous ne le réalisez pas. Cela peut avoir un effet assez désagréable sur votre corps physique et interférer sur votre travail. Il se peut, par exemple, que vous ayez très froid — vous ou la personne avec qui vous travaillez. Si vous êtes dans une pièce, vous pourrez monter le chauffage; ou bien vous recouvrirez votre patient d'une couverture ou mettrez un pull-over. Il arrive très souvent que l'on ait froid lors de telles séances et il vaut mieux, par conséquent, prévoir ce qu'il faut et l'avoir sous la main.

D'autres symptômes peuvent se produire, particulièrement si le système nerveux est affaibli. Ce sont les tremblements, les épaules ou la mâchoire crispée, les dents qui claquent ou un goût métallique dans la bouche. Dans les cas extrêmes, c'est le corps entier qui tremble. Il se peut que votre système nerveux soit trop faible pour supporter de telles quantités d'énergie. Pour y remédier, faites un léger blocage de nuque ou même un blocage complet pour ouvrir les canaux supérieurs et ainsi permettre à l'énergie de monter et de sortir. Pour procéder, regardez devant vous, tête droite puis baissez le menton de deux centimètres et rejetez brusquement votre tête en arrière sur un centimètre, sans la laisser aller plus loin. Vous allez sentir comme si votre nuque s'allongeait. Si vous vous sentez étourdi, le procédé que nous venons de vous indiquer fonctionne très bien pour les étourdissements. Prenez ensuite quelques longues et profondes inspirations et buvez de l'eau. Toutes ces manifestations signalent aussi qu'il est temps d'ouvrir tous les canaux d'énergie qui pourraient être fermés, de fortifier le système nerveux et, peut-être, le reste.

Il arrive souvent lorsqu'on procède à des guérisons avec les cristaux et que l'on commence à avoir des résultats, que l'on ait envie de soigner le monde entier, tout le monde. Ne le faites surtout pas. Ne soignez que lorsqu'on vous le demande. Si vous n'attendez pas qu'on vous le demande, vous risquez non seulement de mécontenter et d'aliéner la personne, mais aussi de l'entraîner bien loin de la guérison. En principe, si quelqu'un ressent le désir d'être soigné, il ira le demander... à quelqu'un. Vous n'avez pas le droit d'interférer dans la vie d'autrui. De toute façon, la personne ne serait probablement pas ouverte. Si c'est le cas, ou si elle s'oppose à vous activement, vous n'obtiendrez à priori aucun résultat, ce qui ne peut que vous mettre dans un état de confusion et de doute. Tout essai futur de guérison en sera forcément affecté pendant un bon bout de temps.

Il y a une exception à cette règle de ne pas soigner à moins d'en avoir été prié. Vous pouvez soigner si — ou quand — vous en avez l'« injonction » : vous entendez parfois très clairement se manifester, par votre voix intérieure, Dieu, l'Esprit — ou quel que soit le nom que vous lui donnez — qui vous demande de travailler avec telle personne.

En principe, si vous travaillez avec quelqu'un qui ne vous l'a pas demandé mais parce que vous avez été appelé à travailler avec cette personne, n'opérez pas ouvertement comme nous vous l'avons indiqué dans les trois premières méthodes. Parce que vous avez été guidé de façon subtile, vous agirez pareillement. Travaillez avec la visualisation. Par cette méthode, on peut opérer à distance (évidemment, vous pouvez aussi soigner à distance si on vous a demandé directement des soins pour quelqu'un qui n'est pas près de vous).

Pour soigner quelqu'un à distance, visualisez d'abord la personne; voyez-la clairement avec vos yeux intérieurs et travaillez avec elle comme si elle était près de vous. Sur les plans où vous êtes en train d'opérer, le temps et la distance n'existent pas. Ce type de travail demande davantage de concentration que si la personne était physiquement à vos côtés. Là, vous travaillez sur des plans plus subtils. Il n'est pas forcément nécessaire que vous compreniez ce qui se passe sur ces plans. Contentez-vous de maintenir votre concentration et de vous focaliser.

La personne que vous soignez n'a pas besoin de le savoir; elle n'a pas besoin de croire que cela va marcher, ni même d'être particulièrement ouverte à vos travaux. Par conséquent, ne soignez que lorsqu'on vous l'a demandé ou lorsque vous vous êtes senti appelé à le faire. Alors, vous en avez la permission. Tout autre cas de figure risquerait de rejaillir sur vous et de vous faire regretter de l'avoir fait.

Lorsque vous essayez de soigner sans en avoir été autorisé ou sans qu'on vous l'ait demandé, vous agissez selon votre propre désir, selon votre ego, et non en réponse à l'Esprit qui vous guide. C'est une règle difficile à suivre, car lorsque vous pratiquez la guérison avec les cristaux, votre coeur se trouve tellement ouvert que vous prenez conscience de toutes les souffrances et brûlez de venir en aide. Mais il est sage de voir que, quelques fois, il ne faut pas se mêler de la façon dont se déroulent les choses. C'est parfois la meilleure façon de servir.

Vous devez vous régénérer en permanence lorsque vous travaillez ainsi. Vous ne pouvez être constamment « branchéet émettre tout le temps de l'énergie. Vous devez créer un circuit d'énergie qui vous recharge également. Pour ce faire, réunissez d'abord les conditions nécessaires et faites les exercices qui vont vous nourrir et vous régénérer. Lorsque vous serez suffisamment « chargé », vous pourrez recommencer à faire votre travail.

Soit en vous conformant à un programme pré-établi, soit en faisant attention aux signes de fatigue, nourrissez-vous et re-chargez-vous dès que besoin est. Si vous ne le faisiez pas, vous vous fatigueriez sérieusement et pourriez même être incapable de travailler. Pour cette raison, il est important d'apprendre à savoir dire « non ».

Ne travaillez pas lorsque ce n'est pas approprié ou que le moment ne s'y prête pas. Ne travaillez pas lorsque vous êtes fatigué. Prenez rendez-vous pour une date ultérieure. Par-dessus

tout, soyez honnête avec vous-même, et censé. Pensez au circuit
d'énergie lorsque vous travaillez : l'énergie va vers la personne
avec qui vous opérez et revient en vous. Vous devez prendre soin
de vous-même. Refuser de travailler avec quelqu'un n'est pas
égoïste.

Un bon guérisseur sait dire « non ». Il vaut mieux être
direct et honnête avec un patient en refusant de travailler avec
lui, tout en lui rappelant que vous pouvez quand même l'aider.
Sentez intuitivement ce dont cette personne a besoin pour aller
mieux et essayer de la guider, de lui dire où aller ou que faire.
Vous pouvez lui suggérer une simple technique qui l'aidera à se
détendre et à se sentir mieux. Cela ne demande pas beaucoup
d'énergie. Emettre le son « AHH » à partir du coeur est un
excellent exercice à indiquer. L'effet est très calmant et aide à
savoir ce qu'il convient de faire dans l'immédiat. On y trouve de
la force.

Bien souvent une maladie est un message puissant qui
indique qu'il faut se mettre à l'écoute de soi-même. Dans la
mesure où toute information est déjà en nous — à un niveau
quelconque —, chacun sait ce qu'il doit faire. Nous n'avons qu'à
découvrir cette information dont nous avons besoin. Essayez
d'apprendre aux gens à faire les choses eux-mêmes, plutôt que
de devenir dépendant de vous et avoir à toujours revenir.
Eduquez les gens. Aidez-les à devenir plus sensibles à eux-
mêmes, plus responsables en prenant soin d'eux-mêmes. Soyez
subtils; n'essayez pas de leur en dire plus qu'ils ne peuvent
entendre. Chaque fois qu'un patient vient vous voir, apprenez-lui
un peu plus.

6. LA COMPASSION

Lorsque vous travaillez avec les cristaux et que votre coeur
s'ouvre, il arrive souvent que vous commenciez à sentir toute la
souffrance du monde autour de vous, autant que celle de ceux
avec qui vous travaillez. Vous pouvez la ressentir physiquement
et émotionnellement, l'expérimenter comme si elle vous était
personnelle, vous sentir submergé de souffrance, angoissé, parce

qu'à ce niveau, votre conscience s'étend. Vous pouvez trouver que c'est trop lourd à porter, qu'il n'y a pas moyen d'aider, que vous ne faites pas assez. Il y a du bon en tout ceci, même si cela paraît terrible.

Vous pouvez acquérir une autre vue de la souffrance en vous focalisant sur votre troisième oeil ou sur ces gens qui souffrent. Regardez la souffrance du point de vue de votre Troisième Oeil, et vous allez trouver quelque sagesse à ce propos. Celle-ci peut s'exprimer par des mots ou est parfois indicible, mais dans tous les cas elle ouvre votre façon de voir.

Tout travail métaphysique ou à base de cristaux augmente votre sagesse et vous fait, tôt ou tard, expérimenter et comprendre que tout, dans l'univers, est exactement à sa place. Ceux qui sont sages le savent. Ceci ne veut pas dire que vous deviez fermer les yeux, ou fermer votre coeur, ou cesser de venir en aide. Au contraire. En développant votre sagesse, vous développez aussi la compassion, une compassion détachée. Compassion ne veut pas dire être désolé pour autrui; elle signifie agir de façon appropriée et sage face à toute souffrance, pas comme un sauveur ou en considérant comme inférieur l'être qui souffre, mais d'être humain à être humain. La compassion et l'impartialité sont effectives lorsque l'on a expérimenté que la vie est vraiment l'Unité. Savoir que chaque chose est en interrelation avec un tout conduit à trouver l'action appropriée et le bon moment pour agir. Vous ne pouvez y arriver qu'en vous appuyant à la fois sur votre coeur et sur votre sagesse. Développez la compassion en ouvrant votre coeur et votre Troisième Oeil, et vous saurez comment agir et comment rendre vraiment service avec efficacité.

7. LA MORT

De nombreux guérissseurs trouvent qu'il est difficile d'être impliqué dans des situations où la mort doit être évoquée. Il peut par exemple arriver qu'une personne vienne à vous pour des soins, et que vous vous rendiez compte qu'elle va mourir. Vous pouvez savoir aussi que cette mort arrive à point, que l'heure est venue pour elle de la transition.

Comment le lui dire, et comment travailler avec cette personne ? Pour opérer avec quelqu'un qui se trouve dans cette situation, il vous faut faire face à votre propre mort. Vous ne pouvez travailler sur quoi que ce soit que vous refusiez d'expérimenter. Alors, avant de travailler sur un tel cas, méditez sur votre propre mort.

A. MEDITATION SUR LA MORT

Prenez un cristal de quartz que vous placerez devant vous, à la hauteur des yeux. Assombrissez la pièce et placez une lumière ou une bougie derrière le cristal pour l'illuminer. Asseyez-vous confortablement, le dos droit; fixez votre cristal de façon concentrée et détendue. Fixez-le jusqu'à ce que vos yeux se ferment naturellement. Les yeux fermés, sentez-vous comme si vous étiez à l'intérieur de votre cristal, dans un espace protecteur, sûr et lumineux.

Calmement assis, portez doucement votre attention sur votre centre du Coeur. Inspirez et expirez à partir de ce centre. Laissez aller toute pensée et focalisez votre conscience sur votre coeur. Vous êtes vous-même aussi calme que votre centre du Coeur, et vous sentez votre corps prendre de l'expansion, jusqu'à ce que vous ne fassiez plus aucune différence entre ce qui est à l'intérieur de votre enveloppe charnelle et ce qui est à l'extérieur. Vous vous étendez au-delà de votre peau, sous les pieds, sur les côtés, devant, derrière, au-dessus de votre tête, encore et encore. Vous n'avez plus de limites, plus de frontières, plus de corps. Habitez cet espace, ce sentiment, cet état d'être. Arrivez-vous à vous voir sans votre corps ? Comment le ressentez-vous ? Qu'est-ce qui est là ? Pas de pensée, rien à faire. Flottement paisible.

Dans cet espace, prenez lentement conscience des limites de votre enveloppe charnelle, de votre peau.

Revenez en vous par les côtés, le dos, le devant, le dessous et le dessus. Rassemblez-vous jusqu'à ce qu'au centre, vous retrouviez... votre coeur. Prenez conscience de votre respiration. Inspirez et expirez à partir de votre centre du coeur. Imaginez que vous êtes en train de mourir. Quelles sont les émotions qui surgissent ? Tristesse... Peur. Quelles sont les pensées, les considérations qui vous viennnent à l'esprit ? Installez-vous dans ces émotions et dans ces pensées; immergez-vous en elles.

Ramenez à présent votre attention sur votre respiration. Inspirez et expirez à partir de votre centre du coeur. Prenez consciemment et volontairement trois inspirations profondes qui vont emplir vos poumons. Exhalez chaque fois violemment et complètement par la bouche. Assis et les yeux clos, visualisez maintenant les parois du cristal qui vous entourent. Alors que vous les regardez, une porte se dessine devant vous. Voyez-vous la passer et sortir.

Vous vous éloignez du cristal. La porte disparaît et le cristal rétrécit jusqu'à ce qu'il ait repris sa taille normale. Voyez le cristal devant vous, à hauteur de vos yeux. Sentez la surface sur laquelle vous êtes assis. Ouvrez vos yeux lorsque vous vous sentez prêt à le faire. Restez assis quelques minutes et reliez-vous à la terre, avant de vous relever.

En méditant de plus en plus sur votre propre mort ou en faisant des rêves éveillés, des expériences astrales ou hors du corps, vous allez vous rendre compte qu'être mort n'est pas désagréable du tout. En fait, cela peut être merveilleux, mais c'est le processus de la mort qui peut être difficile : il peut être effrayant, douloureux. Cela va mieux une fois que l'on est mort.

Vous allez vous sentir plus léger vis-à-vis de la mort, et vous allez pouvoir communiquer cette légèreté tout en restant conscient du sérieux de la chose; cela peut aider un mourant immensément. Soyez sensible à la personne qui va mourir. D'aucuns ne sont pas prêts à affronter cette réalité directement. Si c'est le cas, en faisant votre travail de guérison, travaillez à la fois sur leurs symptômes et subtilement à un niveau plus profond. Apprenez-leur à être centrés, à savoir calmer leur esprit, à être moins liés à leurs pensées et à leurs émotions. Aidez-les à faire l'expérience de leurs corps subtils, pour qu'ils se détachent de leur corps physique. Apprenez-le aussi bien-sûr aux personnes qui peuvent entendre directement qu'elles vont mourir.Travaillez avec les rêves. Toutes ces techniques sont décrites dans ce livre.

B. POUR AIDER SUR LEUR CHEMIN LES ETRES EN TRANSITION
(Personnes, animaux, plantes)

Restez debout ou asseyez-vous, les yeux clos, focalisé sur votre troisième oeil ou sur votre centre du Coeur. Tenez vos mains en position de prière et pressez-les fermement contre votre centre du Coeur. Chantez lentement pendant 3 à 5 minutes (à peu près 7 secondes chaque) « AKAL... AKAL...AKAL... AKAL... AKAL... ». Le premier « A » de « akal » doit être prononcé « EUH » comme dans « beurre » et être tenu environ 1/2 seconde. Le « KAL » sera tenu le reste du temps et prononcé comme dans « khôl ». En le scandant, vous allez automatiquement trouver le rythme qui convient. Vous n'avez à le faire qu'un seul jour. Vous pouvez néanmoins le faire pendant plusieurs jours si vous le désirez.

> *Vous n'allez pas n'importe où*
> *lorsque vous mourrez...*
> *Vous êtes toujours ici à présent.*

PARTIE V

NOTES SUPPLEMENTAIRES

1. L'ATTACHEMENT

Il y a inévitablement des barrières qu'il faut franchir lorsque l'on travaille avec les cristaux. Comme nous l'avons déjà mentionné dans ce livre, chaque fois que vous n'arrivez pas à vous concentrer, chaque fois que vous ne pouvez échapper à certaines pensées, certaines émotions, vous n'êtes pas à même d'entendre votre guide intérieur, il vous est impossible d'effectuer un travail efficace. Une autre impossibilité peut se manifester, si votre corps n'est pas suffisamment fort ou en bonne santé pour canaliser les énergies décuplées. Nous vous avons indiqué dans ce manuel les méthodes permettant de dépasser ces inconvénients les plus évidents. Il existe un autre écueil dont vous devez avoir constamment conscience et qui peut prendre tant de déguisements qu'il n'est pas aisé de s'en débarrasser. Il est beaucoup plus difficile à détecter car il est beaucoup plus subtil. Cet écueil, c'est l'attachement.

Il se produit lorsque vous vous accrochez à une idée fausse de ce que vous êtes et essayez de conserver cette idée. Comme ce à quoi vous vous accrochez est illusion et change en permanence, vous vous sentez perpétuellement insécurisé. Vous essayez donc de renforcer votre sécurisation. Focalisé sur une image fausse de ce que vous êtes (ou n'êtes pas), vous la choisissez pour essayer de maintenir votre sécurisation et devenez attaché à ces faux moyens qui, pour vous, semblent pouvoir garantir votre sécurité. *Cette sorte d'attachement résulte toujours en une quelconque forme de souffrance.*

En d'autres termes, si vous n'êtes pas conscient de ce que vous êtes réellement, vous allez avoir tendance à vous définir en termes de ce que vous faites, de ce que vous pensez, de ce que vous avez ou de ce que vous paraissez.

Tout ceci change constamment, quels que soient vos efforts pour en maintenir la permanence. Votre corps vieillit, vos pensées et vos émotions peuvent se modifier, vous pouvez être incapable de réaliser quelque chose qu'auparavant vous pouviez faire. Vous n'êtes plus tout à fait le meilleur sur certains plans; il y a toujours quelqu'un qui fait mieux. Il vous semble que vous n'en avez jamais suffisamment, etc. Vous avez toujours l'impression qu'il manque quelque chose ou que tout ne va pas tout à fait bien. Souvent, vous n'en avez pas vraiment conscience. C'est juste une espèce de sensation sous-jacente qui affecte toutes vos pensées, vos émotions, vos actes. Vous devenez orgueilleux, coléreux, avide, jaloux et autres manifestations de votre ego limité.

Que résulte-t-il de l'attachement, et comment cela peut-il représenter un obstacle à un travail efficace ? De cet attachement naît la peur. Vous avez peur d'avoir tort, vous voudriez toujours avoir raison. Que se passe-t-il si votre travail avec les cristaux ne marche pas ? Lorsque l'on a peur, on devient orgueilleux. Vous sentez alors qu'il vous faut en faire de plus en plus pour affirmer que vous êtes le meilleur. Vous considérez ce travail comme une compétition et votre coeur se ferme. Vous êtes trop attaché à être « bon ». Comment voulez-vous alors être ouvert et sensible à autrui ? Comment pouvez-vous être suffisamment ouvert pour arriver à adapter vos méthodes de travail de façon à ce qu'elles soient appropriées à chaque situation ?

Il peut arriver que vous soyez à ce point concerné par vous-même (votre faux vous-même) que vos préoccupations premières ne se portent pas vers la personne avec qui vous travaillez mais concernent essentiellement l'image que vous voulez donner de vous-même. Attaché à une idée fausse de ce que vous êtes, vous êtes incapable d'entendre complètement la vérité qui repose en vous et de suivre les conseils qu'elle vous donne. Votre travail ne peut alors qu'être partiellement ou totalement inefficace. Selon le degré de votre attachement, vos centres supérieurs ne peuvent s'ouvrir et vous servir à travailler avec vos cristaux. Lorsque vos chakras supérieurs sont fermés, vous ne pouvez être sensible aux plans subtils, ni même en être conscient.

Ceci limite d'autant plus l'efficacité de vos travaux avec les cristaux. En restant attaché à une idée fausse de ce que vous êtes, vous ne serez jamais satisfait ni pleinement content. Le meilleur travail est basé sur ce sentiment de contentement et de plénitude.

Il est très facile de tomber dans le piège de l'attachement lorsque l'on procède à des travaux métaphysiques ou à base de cristaux et que l'on ignore ce danger. C'est un processus extrêmement subtil. Guettez tous les signes d'orgueil, de colère, d'avidité et autres manifestations du même genre. Soyez honnête; ne vous jugez pas et voyez comment vous pouvez changer.

Pour alléger le problème, vous pouvez vous entourer de personnes que vous savez honnêtes, qui sauront vous dire sans émettre de jugement qu'ils pensent que vous êtes en train de dévier. Ces personnes peuvent être des amis proches ou ceux qui vous enseignent. Voyez quelle est la définition que vous donneriez de vous-même. Vous voyez-vous en terme de ce que vous faites ou de ce que vous pensez ? Avez-vous envie de lâcher cette ancienne auto-définition et découvrir ce qui réellement se trouve en vous ? S'attaquer aux divers attachements demande du courage. Trouvez ce courage et prenez cet engagement vis-à-vis de vous-même et du travail avec les cristaux que vous êtes en train de faire.

Voici une très bonne méditation sur l'attachement et les moyens de s'en débarrasser.

A. TRAVAILLER SUR L'ATTACHEMENT

1) Entourez-vous d'un champ de cristaux : cercle, triangle double ou toute forme géométrique permettant de se centrer.

2) Centrez-vous et calmez votre mental.

3) Focalisez-vous sur les questions suivantes : Désirez-vous n'être rien, ne rien faire, n'être ni spécial ni particulier ? Vous contenter d'être assis ?

4) Visualisez-vous ne faisant rien et n'ayant aucune importance particulière. Vous n'avez ni raison ni tort. Vous êtes juste assis.

5) Voyez-vous assis, là. La vie, les événements ne font que vous traverser. Vous êtes juste assis et n'avez rien à faire.

6) Sentez ce que cela fait de n'avoir rien à faire et de n'avoir pas à être quelque chose. Si votre attention, votre concentration et votre visualisation sont fortes, ces questions vont provoquer en vous nombre d'émotions et de sentiments. Que ressentez-vous ? Vous sentez-vous menacé ? Perdez-vous quelque chose si vous n'êtes pas important ? Et si personne ne savait que vous êtes intelligent ? Et si vous viviez dans un endroit quelconque, sans faire grand chose ? Comment vous sentiriez-vous ? Faites l'expérience de chaque émotion, de chaque pensée, de chaque image mentale qui se présente, puis laissez-les aller. Continuez l'exercice.

7) Après y avoir passé au moins onze minutes, prenez un gros cristal de quartz et imaginez que vous êtes en train de ne rien faire. Goûtez cet état, prenez-y du plaisir. S'il ne peut vous procurer aucun agrément, faites semblant.

8) Vous vous imaginez n'être rien, ne rien faire. Prenez conscience de toute pensée, de tout sentiment que cet état éveille et qui vous empêche d'en profiter. Inspirez sur ces pensées, ces sentiments. En expirant, envoyez-les dans votre cristal, plusieurs fois. Soyez conscient des pensées et des émotions qui vous paraissent inharmonieuses, tendues, exaspérantes, et soufflez-les dans votre cristal.

9) Lorsque vous sentez qu'il est temps d'arrêter ou sentez que vous avez mené l'exercice à bon terme, prenez le cristal, purifiez-le ou mettez-le en terre complètement pendant trois jours.

10) Purifiez les cristaux que vous aviez placés autour de vous et rangez-les. Purifiez votre environnement, reliez-vous à la terre et purifiez-vous.

Cet exercice est excellent pour se débarrasser des attachements car il vous en apprend beaucoup à ce propos. Faites-le pendant trente jours au moins ou sur une durée que vous aurez déterminée. Une fois que vous savez à quoi vous êtes attaché, vous pourrez y faire attention, encore et toujours, dans votre vie quotidienne. Chaque fois que vous le remarquerez, contentez-vous d'en avoir conscience et voyez si vous pouvez lâcher prise lorsque la situation se présente. Ne vous jugez pas. Vous n'avez pas tort, vous n'êtes pas inférieur. Si un jugement intervient, lâchez prise également et laissez-le aller en vous demandant à cette occasion : « Qui suis-je ? ».

De l'attachement, résultent des tensions.
Pas d'attachement, pas de tensions.

2. CONCLUSION...
LE MEILLEUR EST ENCORE A VENIR

Si vous faites les exercices indiqués dans ce livre jusqu'à ce que vous puissiez faire l'expérience de ce qu'ils proposent, vous allez pouvoir devenir maître en l'art de travailler avec les cristaux. Il se peut qu'en cours d'expérience, vous vous découvriez d'autres aptitudes, qu'auparavant vous auriez jugées impensables. Vous pouvez, par exemple, arriver à savoir ce que quelqu'un pense ou ressent, à avoir connaissance du passé ou du futur, à voir les auras et les couleurs subtiles, à entendre les sons subtils, à voyager dans l'astral ou à faire l'expérience de diverses formes de perceptions extra-sensorielles. Si vous les utilisiez, de même que d'autres attitudes extraordinaires, pour satisfaire votre ego, vous en perdriez l'usage et auriez à en souffrir.

Ce que vous allez comprendre après avoir fait tous ces exercices, travaillé avec vos cristaux, ou procédé à d'autres travaux métaphysiques, est que tout ceci ne peut être une fin en soi. Il se produit en vous quelque chose d'autre qui est beaucoup plus important : vous développez une nouvelle conscience, une nouvelle façon d'être; vous perdez la notion de ces limites qui vous bornaient autrefois et faites l'expérience d'un état d'expansion illimité. Il n'y a plus ni fin, ni commencement. Vous êtes conscient, que vous soyez éveillé, endormi, ou que vous ayez quitté votre corps. Vous avez de la puissance et vivez en connaissance de vous-même. Tout vous devient possible, pour peu que ce soit en harmonie avec votre voix intérieure, votre voix intuitive. Le travail avec les cristaux ne fait qu'accroître ces expériences. Mieux encore, vous connaissez une liberté intérieure sans limites qui déborde de votre coeur. Vous êtes heureux.

> *Vous créez votre propre univers.*

PUISSIEZ VOUS ETRE HEUREUX

Puisse la joie de la liberté parfaite
pénétrer votre coeur
Et votre âme
Et puisse une tranquillité radieuse être vôtre.

Puisse la légèreté de l'Esprit
Etre votre don
Quand vous suivez la Vérité
Avec un courage magnifique

Uma SILBEY

L O U I S - J E A N
avenue d'Embrun, 05003 GAP cede
Tél. : 92.53.17.00
Dépôt légal : 31 — Janvier 1992
Imprimé en France